Marguerite Andersen
Ich, eine schlechte Mutter
Bekenntnisse

Aus dem Französischen von
Patricia Klobusiczky

Marguerite
Andersen

Ich, eine
schlechte
Mutter

Bekenntnisse

Nous remercions le Conseil des arts du Canada de son soutien.
We acknowledge the support of the Canada Council for the Arts.
Der Verlag dankt dem Canada Council for the Arts für die
freundliche Unterstützung.

Canada Council   Conseil des arts
for the Arts   du Canada

Die Originalausgabe erschien unter dem Titel *La mauvaise mère*.
© 2013 Éditions Prise de parole, Subury

Erste Auflage
© 2020 by Secession Verlag für Literatur, Zürich
Alle Rechte vorbehalten

Übersetzung: Patricia Klobusiczky
Lektorat: Christian Ruzicska
Korrektorat: Peter Natter
www.secession-verlag.com

Gestaltung und Satz: Julie Heumüller, Berlin
Herstellung: Daniel Klotz, Berlin
Druck und buchbinderische Verarbeitung:
Friedrich Pustet, Regensburg
Papier Innenteil: 100 g Fly 05
Papier Vor- und Nachsatz: 115 g Fly 05
Papier Überzug: Iris Leinen
Gesetzt aus Lyon Text von Kai Bernau, Commercial Type
und **Infini** von Sandrine Nugue/CNAP, unter der Lizenz
von Creative Commons „CC BY-ND 3.0“,
https://creativecommons.org/licenses/by-nd/3.0/

Printed in Germany
ISBN 978-3-906910-90-1

DANKSAGUNG

Mein Dank gilt meinen Freundinnen aus dem Norden:
Johanne Melançon, die mich zu einer ungewöhnlicheren
Schreibweise ermutigt hat, einer Schreibweise, die sich
vielleicht für Tagebücher eignet; Sylvie Lessard, die
mich als PR-Fachfrau stets unterstützt hat; und vor allem
denise truax, Verlegerin der Éditions Prise de parole,
die das Werk vertrauensvoll angenommen und mit aller-
größter Sorgfalt zur Veröffentlichung gebracht hat.
Zu guter Letzt gilt mein Dank all jenen, die meine Launen
und mein Schweigen ertrugen, während ich an diesem
für mich recht schwierigen Text arbeitete.

Für Jean-Jacques Rousseau,
einen der allerersten Schriftsteller,
der eine Autobiografie verfasste,
Die Bekenntnisse.
Mein Text, in weiblicher Form verfasst,
folgt mehr oder weniger seinem Beispiel.

***

WARUM

– Aber nein, Marguerite, mach dir deswegen doch keine
  Sorgen. Warum soll es plötzlich heißen, wir hätten unter
  diesem ... wie soll ich sagen ... bewegten ... Leben gelitten,
  das du uns beschert hast?
– Meinetwegen habt ihr in sechs Ländern gelebt, auf drei
  Kontinenten. Dir hat es ja gefallen ...
– So haben wir was von der Welt gesehen.
– Seien wir doch ehrlich: Ab einem bestimmten Zeitpunkt
  habe ich euch im Stich gelassen. Zurückgelassen. Und ihr
  wart noch klein.
– Wir haben's überlebt.
– Anderthalb Jahre. Ganze anderthalb Jahre waren wir
  getrennt.
– Stimmt. Aber du, eine schlechte Mutter?
– Michel, lass mich ausreden, damit ich es dir sage, es dir
  zeige, du wirst erkennen, dass ich recht habe, fall mir nicht
  ins Wort, ich habe das Bedürfnis, all meine Fehler zu be-
  kennen, all das, was mir leidtut, genauer hinzusehen,
  durch dieses Nadelöhr muss ich durch, danach reden wir
  nie wieder darüber, versprochen. Ich weiß, ihr würdet gern
  glauben, dass das Leben immer heiter ist, die Kernfamilie,
  wie es so schön heißt, immer glücklich, die Kinder intelligent
  und gesund, die Welt beinahe vollkommen ... und dass alle
  Mütter gute Mütter sind ...
– Mach mal bitte halblang!
– Wie könnt ihr so was glauben, wenn ihr doch genau wisst,
  dass dem nicht immer so ist?
– Was willst du denn hören? Martin hat es unbeschadet über-
  standen, er macht keinen leidenden Eindruck, die Kleine

auch nicht, und für mich gilt das Gleiche. Wir werfen dir
nichts vor.
- Da habe ich ja Glück ...
- Wir respektieren dich.
- Das weiß ich. Aber ich werfe mir meine Fehler vor.
- Jeder macht Fehler.
- Sicher. Aber die Fehler einer Mutter ... Ab einem bestimmten
Zeitpunkt habe ich euch allein gelassen.
- Hör mal, Mama ... In deinem Altcr ...
- Eben. Bevor ich für immer die Augen schließe, wie es so
schön heißt, muss ich ...
- Was? Musst du dich quälen?
- Muss ich Bilanz ziehen, ehrlich, ganz ungeschönt.
- Wozu?
- Damit alles etwas klarer wird.
- Aber du hast uns doch nicht misshandelt!
- Bloß vernachlässigt, schikaniert, manchmal sogar ignoriert ...
Vor allem Martin ...
- Warum?
- Er war schwieriger ...
- Als ich? Wirklich?
- Ja. Aber das ist nicht weiter wichtig.
- Worum geht es eigentlich?
- Es beginnt mit Martin, 1945 gezeugt, ein Prachtfrühling
in diesem Jahr, Hitler ist tot, der Krieg vorbei, die Welt jubelt,
die Freiheit ist zum Greifen nah.
- Du immer mit deinen alten Geschichten ...
- Diesmal halte ich mich nicht mit historischen Details auf.
Es geht um mehr oder weniger klare Gefühle, um simpelste
Fakten. Ausgewählt wird immer das Eindrücklichste. Als
würde ich mir Notizen machen. Poesie und Prosa ... Mit oder
ohne Zeichensetzung ...

- ... eine Stilübung?
- Auf keinen Fall!
- Eine neue Methode der Selbstfolter?
- Auch nicht.
- Was dann?
- Eher eine Art von Suche ... Wie all meine Bücher.
  Wie viele Bücher.
- Suche nach Transparenz[1]?
- Ein Tasten ... Worte, die fehlen ... Worte, die ungesagt
  blieben ...
- Zögerst du noch?
- Hör zu, mein Sohn: Danke, aber jetzt geh nach Hause!
  Ich muss mich ransetzen. Allein!

---

1   So, wie Jean Starobinski den Begriff geprägt hat, der in *Rousseau:*
    eine Welt von Widerständen (OA 1957) Rousseaus Suche nach Transparenz
    Etappe für Etappe nachverfolgt.

Ich habe mir immer gelobt nicht zu sterben ohne vollbracht zu haben, was ich Andern anrieth: eine aufrichtige Er-forschung des eignen Wesens und eine aufmerksame Prüfung des eignen Daseins. **George Sand**[2]

2   *Geschichte meines Lebens,* übersetzt von Claire Glümer. [A. d. Ü.]

BESCHLOSSENE SACHE

Herbst 1943. Berlin.
Ich bin acht, als Hitler die Macht ergreift, mein Vater seiner
Ämter enthoben, fünfzehn, als der Zweite Weltkrieg erklärt wird. Ich schließe gerade die Oberstufe ab, habe vor,
französische Sprache und Literatur zu studieren, als sich
die Tore der Philologischen Fakultät schließen. Zum *Kriegsdienst* verdonnert, katalogisiere ich den lieben langen Tag
unzählige Röntgenaufnahmen von Studentenlungen in
einem Büro der Berliner Universität.
Das war nicht lustig.
Die Hauptstadt unterm Bombenhagel
Dreitausend Tote in zwei Nächten
vom 18. zum 19. und vom 22. zum 23. November 1943
Brände
Ruinen
Asche überall
am Boden
in der Lunge
Zerfetzte Körper, die man wegbringt
verscharrt
vergisst
schnell
ergreife ich die Flucht
setze den unvermeidlichen Kriegsdienst
im Kinderhort eines österreichischen Dorfes fort.

***

Frühling 1945. Schwarzenberg, Österreich.

Vorbei, der Krieg. Im Radio wird verkündet, der *Führer* sei tot.

Gut so.

Heimkehren. Heimkehren nach Berlin.

Zu uns.

Drei Frauen, zwei Kinder: meine Mutter, meine Schwester
Christa mit ihren beiden Kleinen, ich. Es soll Züge geben.

Vollgestopft mit heimkehrenden Frauen. Frauen, die
von ihrem Unglück erzählen werden, ohne damit aufhören
zu können, müde Kinder, ungeduldig, mangelernährt,
lauthals brüllend.

WCs, deren Türen kaum schließen oder sogar weit offen-
stehen, stinkend nach abgestandenem Urin, Erbrochenem,
billigem Desinfektionsmittel.

Sich durch Schweigen wappnen.

Nichts eindringen lassen.

Sich mit einem Platz im Gang begnügen, auf seinen Koffer
setzen.

Mein Koffer, meine Mutter, meine Schwester, mein Neffe,
meine Nichte.

Der Vater in Berlin.

Das Haus – steht noch.

Die Familie. Ein Leben, wie es sich gehört.

Wie es sich gehört?

Stehende Wendung, die neu bestimmt werden muss.

Denn nichts gehört sich mehr

nichts ist mehr wie früher.

Da gab es die Vernichtung von sechs Millionen Menschen,
verdinglicht, ermordet, stets gegenwärtig, vor unseren
grauen Gesichtern, unseren gesenkten Augen.

Die Scham.

Angst, deutsches Wort, denkt man dran, beißt man die
Zähne zusammen.
Ich selbst bin feige. Ich bin zwanzig und will leben.
Ohne Angst, ohne Scham, ohne Hunger oder Durst.
Dem Elend den Rücken zukehren.
Warten.
Beim Warten
eine andere Sprache sprechen
lachen
mich lösen.
Mit dem französischen Geliebten in der schönen Wohnung
leben, die von der Armee beschlagnahmt wurde.
Es wird noch andere Züge geben.

***

Der französische Geliebte erzählt von Tunis, wo er geboren
wurde. Wohin er heimkehren wird.
Ob das eine Einladung ist? Nordafrika, die Ehe, ein Tor zur
Freiheit?
Ich spüre, wie mir Flügel wachsen.

EIN NATÜRLICHES HINDERNIS

Oktober. Keine Regel. Kein einziger Tropfen Blut.
Übelkeit. Abends gehe ich auf einmal früh ins Bett.
Die Brüste schmerzen. Ich bin wohl schwanger.
Schwanger? Bin ich schwanger? Einfach so, aus heiterem
Himmel?
Nackt vor dem großen Spiegel im Schlafzimmer, nehme ich
mich in Augenschein. Von vorne, von der Seite. Der Bauch
ist etwas schlaff. Immer noch derselbe? Ja? Nein! Mein Leben
ist anders. Ich bin anders. Mit einem Bauch befrachtet, der
sich schwer anfühlt.
Wo ist der geflügelte Traum von gestern hin?
Ich bin nicht mehr diejenige, die aufbricht. Ich bin Teil
eines Wirs, die wir zusammen aufbrechen ... wohin, wozu?
Ein Kind ... Will ich es? Will es der Mann, der Geliebte?
Haben wir, und sei's nur flüchtig, daran gedacht, bei der
Liebe?
Haben wir auch nur darüber geredet?
Ist mir das wirklich *passiert*?
Ein Kind. Sollte ich mich nicht freuen?
Es gar nicht erwarten können? Es zu bekommen? Es zu
sehen? Zu berühren? Ein Name ... Ein Bild ... Erika ...
Entfernte Kusine. Familiengeheimnis. Sie soll sich eines
Kindes *entledigt* haben. Mit Hilfe eines Arztes. Danach soll
sie geweint haben, am Ostseestrand. Das Kind begraben ...
Die Tränen im Sand ...
Das Kind des Zufalls, ein Unfall, Schicksal.
Unerwartet.

Ein Arzt, ich brauche einen Arzt, brauche Gewissheit.
Er soll mir sagen, ob ich wirklich schwanger bin.
– Eindeutig, meine Dame.
Bin ich nicht zu jung für diese Bezeichnung? Ich erwarte,
dass er mich berät, dieser Mann in Weiß. Dass er mir
die Frage an den Augen abliest.
Schließlich sagt er zu mir, ja, in diesen schwierigen Zeiten
könnte man vielleicht eine Abtreibung vornehmen ...
Weil das aber gesetzeswidrig sei, müsste die Ausschabung
ohne Narkose erfolgen ...
– Und falls es dann zu Komplikationen kommt ... Wären die
Schmerzen unerträglich, verstehen Sie?
Sag mir, Arzt, würdest du das deiner Frau antun?
Meine Frage bringt ihn in Bedrängnis.
– Nein, auf keinen Fall, niemals!
Ich habe Angst vor dem Messer im Leib. In meinem,
nicht dem des Kindes.
Ich stehe wieder auf. Ziehe den Schlüpfer wieder an.
Meine Schuhe.
Was soll's. Das Kind des Zufalls wird mein Kind werden.
Ich werde uns schon zu helfen wissen.

HOCHZEIT

Es ist Januar, das Meer aufgewühlt.

Das Schiff schaukelt, alles schwankt um mich herum, ich erbreche, links, rechts, in meiner Koje, auf meine Kleider, im Klo, über Bord, ich übergebe meinen Mageninhalt, alles, bis auf den letzten Tropfen, und dann fängt alles wieder von vorn an. Liegt es daran, dass ich schwanger oder dass ich seekrank bin, ist es Angst vor dem, was ich in Angriff nehme? So oder so werde ich niemals diese jämmerliche Überquerung eines grauen, wintrigen Mittelmeers vergessen.

Hätte es nicht blau sein müssen, dieses Meer? Glücklich, ich?

Die Stadt.

Tunis.

Warum ist die Luft so unbewegt, so grau?

Wo ist denn die Sonne?

Der Geliebte hat beim Rathaus das standesamtliche Aufgebot bestellt. Auf dass es alle zur Kenntnis nehmen.

So will es der Brauch. Das Gesetz. Die Welt hat zehn Tage Zeit, um Widerspruch einzulegen. Die Welt? Wer hätte einen Grund, wer ein Wörtchen mitzureden, wer einen Rat zu erteilen? Niemand.

Ich bin die Fremde in der Fremde, ich werde Ja sagen, eine Urkunde unterschreiben, einen anderen Namen tragen.

Der Geliebte hat sich auch verändert. Er ist nicht mehr der stolze Eroberer, der fröhliche Befreier meines Landes, er ist wieder der gleiche Beamte wie in seinem Leben vor dem Krieg.

Muss ich ihn heiraten?

Just, als ich die paar Stufen zur Tür des Rathauses hinaufgehe, wird mir mein Irrtum bewusst.

Heiraten, ich?

Mein Leben Tag und Nacht mit einem anderen teilen?

Wegen eines Kindes?

Wehr dich, Marguerite, ruf *Halt*, erkläre, dass du nicht heiraten wirst! Nicht heute, nicht ihn, und wenn du noch so schwanger bist, nein, du willst nicht heiraten ... Du bist stark, du wirst allein zurechtkommen ... Sag dem Mann und seinen beiden Trauzeugen, wir müssen umkehren, irgendwo ein Gläschen trinken, hier, in dieser Bar an der Ecke, und in Ruhe über alles reden. Sonnenkerne knabbern ...

Ich gehe durch die Tür.

Habe ich das Recht, dem Kind seinen Vater vorzuenthalten?

Ob diese Frage sentimental ist?

Wer wird mir Antwort geben?

Das Kind kann sich nicht äußern.

Wer versteht die Sprache von Faustschlägen oder Fußtritten gegen die Gebärmutterwand?

Ein paar Sekunden lang

fern von meiner Familie

von allen, die ich wirklich kenne

allein

schwanger

durch meine Natur und meine Taten gezwungen, ein Kind im Werden zu bergen

bin ich verwirrt.

Was würde der Standesbeamte mit seiner unverhofften Freistunde anfangen, in seinem trostlosen Büro, in das die Sekretärin vielleicht noch einen Strauß aus blauen, weißen und roten Anemonen stellen wird, um die Zeremonie aufzuheitern?

Und ich? Was würde ich tun?

Das Meer, Europa, Berlin ...

Da wird mir schwindlig
ich weiß nicht wohin.
Ich würde gern laut verkünden, das Aufgebot gehöre
annulliert, getilgt, vergessen
ich sei keine glückliche Verlobte, keine Frau, die man
heiratet, keine Mutter, die bereit ist, ein Kind aufzuziehen.
Ich würde mich gern setzen, hier,
auf dieser grauen Bank
in diesem Flur
mich ganz und gar ausweinen.
Liege ich falsch, liege ich richtig?
Wer wird es mir sagen?
Die Wörter wirbeln in meinem Kopf:
Affentheater, Farce, Unsinn ...
Ich betrete das Büro, in dem die Ehe geschlossen werden
wird.
Der vermeintliche Ausgang führt in ein schwieriges Leben.

SCHRÖPFGLAS UND PFERDEBLUT

Sie hieß Clémentine. Eine Korsin, in Schwarz gekleidete Witwe, klein, stolz, Postangestellte, energisch und dünnhäutig.

Alt, wie mir schien.

Sie brachte ihren Sohn Jean und mich, die schwangere Schwiegertochter, in ihrer Wohnung in der Rue de Bretagne Nr. 43 unter, klein, beengt, mit abgenutzten Möbeln aus lackiertem Holz.

Morgens reicht mir Clémentine ein Glas Pferdeblut, gut für die werdende Mutter, sobald ich huste – nur ein ganz klein wenig, während dieses verregneten Frühlings –, bietet sie an, mich zu schröpfen. Um sie nicht zu kränken, lasse ich sie machen.

Sie hingegen macht sich über mein Verlangen nach heißen Bädern lustig:

– Also wirklich, Marguerite, Sie haben sich an Luxus und Verschwendung gewöhnt!

Ich mag es nicht, wenn man mich ein verzogenes Kind nennt. Meine Eltern zählten niemals zu *den Reichen*.

Ich halte etwas Abstand. Bemühe mich, nicht zu viel Platz einzunehmen. Lächle höflich. Schweige.

Schweige auch dann, als die alte Frau mit einem lebenden, an den Beinen gefesselten Huhn vom Markt zurückkommt, Anstalten macht, dem sichtlich nervösen Vogel die Kehle durchzuschneiden, mich bittet, den Teller voller fein gehackter Zwiebeln zu halten, um das Blut aufzufangen:

– Das gibt einen feinen Braten!

Schweige immer noch, als Mutter und Sohn über das
enthauptete Tier lachen, das in der engen Küche hin und
her rennt.
– Fang's doch ein, ruft mir der Sohn zu.
Ich lächle nicht mehr.
Nein! Nicht dass mir die Worte fehlten.
Ich habe Angst, das, was ich sagen möchte, herauszuschreien.
Durch das Meer von allem getrennt, was ich kenne,
fürchte ich die unbekannte Zukunft
den Mann, von dem jetzt
mein tägliches Leben abhängt
die alte Frau, über die er zu mir sagt,
sie könne in Rage geraten, »wenn es sie überkommt«.
Es – was soll das sein?
Das Kind wird in meine Ungewissheit hineingeboren werden.

PRESSEN SIE, MADAME!

Juni 1946. Ich liege auf einem gynäkologischen Tisch im Kreißsaal der Klinik Saint-Augustin, jenes Heiligen, der die Frauen für ewig gesegnet hielt.

Um mich herum ist alles weiß:
die Wände
die Decken
die Türen
die Rahmen der Fenster und ihre Vorhänge
die Betten und ihre Laken
die Tracht der Nonnen
Krankenschwestern und Hebammen
alles strahlend weiß
das OP-Besteck aus Edelstahl klirrt.
Mir ist kalt.

Die Hebamme hält meine Hand, der Geburtshelfer lässt sich auf einem Hocker zwischen meinen Beinen nieder, die an Steigbügeln befestigt sind.
Ich bin die Gebärende.
– Pressen Sie, Madame, sagt die Hebamme, pressen Sie!
Was denn pressen?
Niemand hat mir den Mechanismus der Niederkunft erklärt.
Wehen, Dehnung, Austreibung, Nachgeburt ...
Ich habe davon keine Ahnung.
– Pressen, pressen!
Ich würde gern schlafen.
Aber schon gleitet das Kind aus mir heraus, ich höre es schreien. Man trennt die Nabelschnur durch, wiegt das Neugeborene, säubert es von allen möglichen schleimigen Substanzen, wickelt es, legt es mir in den Arm und verkündet,

es sei ein Junge, nimmt es mir wieder weg, legt es in ein weißes Bettchen. Der Arme. Ob ihm von diesem ganzen Hokuspokus schwindlig wird?

– Alles in Ordnung, Madame, sagt der Arzt, bevor er geht.

Nun bin ich allein, in einem Zimmer, in einem Bett. Ich fühle mich leicht, in meinem Bauch steckt niemand anderes mehr. Neun Monate sind verstrichen. Mein Körper gehört wieder ganz mir selbst.

Aber bin ich wirklich allein?

Nein.

Neben meinem Bett ist ein Bettchen, ein Baby, ein Kind, mein Kind, mein Sohn.

Ich setze mich auf, beuge mich leicht über das Nachbarbett, betrachte das kleine Männlein, das aus mir hervorgekommen ist.

So ist das also, ein Kind zu haben?

Schwarzer Schopf. Das Gesicht etwas rötlich. Er ruht sich aus. Atmet. Schläft. Wovon träumt er?

Kann er schon träumen?

Ich berühre seine Finger.

Er nimmt von mir keine Kenntnis.

Ich war vierzehn, als Christa ihr erstes Kind bekam, ich habe gesehen, wie sie es versorgt hat, ich werde meins auch versorgen können. Eine Zeitlang. Ein paar Jahre lang. Zwanzig? Lange, so viel ist klar.

Eindeutig, meine Dame.

Jetzt bin ich Mutter. Endgültig. Unwiderruflich Mutter, ein Leben lang.

Eine Art nie gekannter Sanftmut kommt in mir auf.

Dabei habe ich Angst, ihn zu berühren.

Angst und Lust. Angst, ihm weh zu tun, Lust, ihn kennenzulernen.

Ich habe es ja nicht eilig. Wir haben Zeit. Er und ich.
Wir werden gemeinsam leben.
Ich drehe den Kopf zum Fenster.
Alleen, Zierbecken, Rasenflächen. Der Belvédère-Park.
Pinien, niedrige Palmen, hohe Palmen, Eukalyptus, überall Blumen, dicke Büschel von scharlachroten Bougainvilleen und rosa Oleander. Hügel in der Ferne. Der Himmel noch blau. Bald bricht die Nacht mit ihren Sternen herein ...
Schlafen.
Ich weiß gar nicht, was mich erwartet: ein mühsames Leben in einer Sprache, die noch nicht die meine ist, in einem Umfeld von Kolonialherrschaft, in einem Land, das sich durch seine blendend weiße Architektur auszeichnet, hervorgehoben vom Blau der Nageltüren und der Maschrabiyya aus himmelfarbenem Schmiedeeisen. Ein Land, das ich mangels Zeit und Geld nicht erkunden werde, nein, ich muss mich um das Kind kümmern, den Haushalt, die Wäsche, sie auf der Terrasse aufhängen, unter dem immerblauen Himmel, mich kurz an den Ausblick auf die weiße Stadt erfreuen, schnell wieder runtergehen, zum Markt im Zentrum eilen, während der Kleine schläft, die Fülle an Obst und Gemüse bewundern, davon das billigste kaufen, mit einem voll beladenen Korb heimeilen, das Mittagessen zubereiten und es dem Mann servieren, der aus dem Büro gekommen ist, das Geschirr spülen, dem Kind die Windel wechseln, es ins Bett bringen, mit dem Mann Mittagsschlaf halten, die Wäsche holen, die Hemden dieses Mannes bügeln, zwei pro Tag, mit Metalleisen, die auf dem Gasherd angewärmt werden, wieder und immer wieder dem Kind die Windeln wechseln, es im Kinderwagen spazieren fahren, es entlang der Avenue Jules-Ferry schieben, die bei der Befreiung zur Avenue Habib-Bourguiba werden wird, bis

zum herrlichen Grünstreifen, der den Blumenhändlern vorbehalten ist – mir kauft keiner Blumen –, zügig nach Hause zurückkehren, das Abendessen zubereiten und servieren, das Geschirr spülen, es einräumen, das Kind ins Bett bringen, müde einschlafen, nach der Liebe, auf die ich oft keine Lust habe, morgens aufstehen, voller Energie, das ja, aber überfordert angesichts der vielen alltäglichen Pflichten. Kurzum, ich werde mir meinen Tagesablauf von anderen diktieren lassen müssen, von meiner Familie, von den gesellschaftlichen Gepflogenheiten.

***

An einem Vormittag von fünf Stunden macht sie den Kindern Frühstück, sie wäscht sie, sie kleidet sie an, putzt das Haus, macht die Betten, wäscht sich selbst, kleidet sich an, geht einkaufen, kocht, deckt den Tisch, verpflegt die Kinder in zwanzig Minuten, schreit sie an, bringt sie in die Schule zurück, spült das Geschirr, macht Wäsche und den Rest, den Rest. Gegen halb vier vielleicht kommt sie für eine halbe Stunde dazu, Zeitung zu lesen. **Marguerite Duras**[3]

---

3 *Das tägliche Leben*, übersetzt von Ilma Rakusa. Frankfurt am Main, 1988. [A. d. Ü.]

ZWISCHENSPIEL

Nach der Geburt bieten uns korsische Cousins im Aufbruch
für einen Sommer auf der Heimatinsel ihre Wohnung an.
Eine dunkle Rumpelkammer, ohne jede Farbe, mit Möbeln
überladen, Spiegelschränken, Geschirrschränken, breiten
Polstersesseln, Teppichen, Doppelgardinen, Nippes ohne
Ende.
Ich kann kaum atmen.
Sobald das Licht aus ist, macht Martin sich bemerkbar.
Schreit, brüllt, wie nur Babys es können. Summen,
Streicheln, Fläschchen mit leicht gezuckertem Wasser ...
nichts hilft.
Er hat Angst, denke ich, es ist seine erste Nacht in der
richtigen Welt.
Der Vater schlägt vor, ihn aus dem Fenster zu werfen.
Ernste Drohung oder plumper Scherz?
Instinktiv richten sich die dreiunddreißig Wirbel meines
Rückgrats auf, ein Strom von Energie strafft mir die Schul-
tern.
Ich bin die Mutter, die ihr Kind beschützt.
Ich schiebe das Weidenbettchen in ein anderes Zimmer,
setze mich daneben, lasse ein Licht brennen, wiege meinen
Sohn in der Hoffnung, ihn alle Feindseligkeit vergessen
zu machen.
Und dann sehe ich sie: eine ganze Armee von winzigen Tier-
chen, die an den Laken entlang auf seine rosige Haut zu-
kriechen ...
Ich fange sie ein, zerquetsche sie.
Am Morgen lacht der Vater.
– Wanzen, sagt er.

Ich gerate in Panik, verlange eine Erklärung, sofortige
Abhilfe. Er soll gefälligst etwas unternehmen, verdammt.
Er zuckt mit den Schultern, geht zur Arbeit.
Wie wird man Wanzen los, die das Blut eines Neugeborenen
saugen?
Ob es am Stress liegt? Nach ein paar Tagen werde ich krank.
Wir rufen den Arzt, dem eine praktische Lösung einfällt:
– Fünfzehn Tage Erholung in einer Klinik, für Mutter und
Sohn! In der Zwischenzeit sollten Sie sich um eine Wohnung
ohne Ungeziefer bemühen, Monsieur!
Rückkehr zu den lächelnden Schwestern, den wanzenfreien
Betten, zur Ruhe, in ein lichtes Zimmer ohne überflüssige
Ausstattung und anderen Firlefanz.

EINSIEDLERIN

Eine Sozialwohnung am Ende der Avenue Jules-Ferry.
Von meinem Küchenfenster aus erhasche ich, wenn ich mir
den Hals verrenke, einen Zipfel des Mittelmeers.
Ich wende mich dem Innenraum zu. Ich beobachte meinen
Sohn. Ich gehe sanft mit ihm um. Das ist nur natürlich,
ganz natürlich, das versteht sich von selbst, das ist selbst-
verständlich.
Es heißt, die Mutterliebe setze ein, wenn die Milch ein-
schießt. Dabei füttere ich Martin mit dem Fläschchen ...
Buttermilchpulver von Nestlé, mit abgekochtem Wasser an-
gerührt, wie vom Kinderarzt vorgeschrieben. Wie von der
Gebrauchsanweisung angeregt, die an der gelben Dose klebt.
Meine Milch schießt nicht ein.
Ich gebe meinem Kind nicht die Brust.
Hat man mir dazu geraten? Hat man mir davon abgeraten?
Habe ich Angst vor einer solchen Nähe?
Stillen war damals nicht in Mode.
Man hat es mir gegenüber nicht einmal erwähnt.
Ob meine Brust ihm fehlt?
Ist er nicht zufrieden?
Praktisch jeden Tag stelle ich seine Fortschritte fest: Ach,
jetzt lächelt er, hör doch, wie er brabbelt; sieh an, er lutscht
am Daumen; man könnte meinen, er folgt mir mit seinem
Blick, ich gebe ihm die Rassel, er nimmt und schüttelt sie, er
ist von seinen Händen fasziniert, er ahmt meine Laute nach,
dreht sich um; ah, er möchte sich setzen; und hier ist schon
sein erster Zahn, darum hat er gestern so viel geweint.
Es gibt keine zartere Haut als seine.

Ich singe ihm das Lied von den Händen vor, die so und so
machen, *ainsi font, font, font* ...
Und da lacht er, da krabbelt er, sieh doch, er versucht
aufzustehen, hält sich beim Gehen fest ...
In meinen Augen ist er vollkommen.
Tag und Nacht
sind wir zusammen
der Innenraum ist unsere Welt
wir gehören einander.
Für mich zählt allein das Kind.
Ob das Mutterliebe ist?

DIE LIEBE

Und die andere Liebe? Die große Liebe, von der die Dichter sprechen? Die ich für meinen Ehemann empfinden sollte, den Mann meines Lebens?
Nichts dergleichen hege ich heute. Auch nicht gestern.
Dabei hatte es früher doch Lust gegeben, zwischen uns?
Die Liebe ist zu einem Akt geworden, der am späten Abend vollzogen werden muss, um den Tag zu beschließen, die Nacht zu eröffnen.
Ein vorausgeplantes Dessert, schreibt Flaubert, *nach der Eintönigkeit des Abendessens.*
Lähmende Routine.
Allgegenwärtiger Dauerfrost.
Ob mein Sohn wohl auch friert?
In dieser Wohnung am Hafen beugt sich der Mann zu mir, küsst mich. Spürt er denn nicht, dass ich mich kaum rege? Nein, er setzt seine Annäherungen fort, und ich will ihm nicht sagen, dass es mich leider kalt lässt. Ich will ihn nicht kränken, seine Verachtung auf mich ziehen, seinen Ekel, seine Übellaunigkeit.
Der Mann dringt schließlich in mich ein, und ich reagiere so gut wie gar nicht.
Langeweile befällt mich.
Jeden Abend sehe ich der Nacht bang entgegen, dem Mann, der glaubt, er dürfe mich einfach nehmen, wenn ihm danach ist. Ich will nur schlafen. Nicht gestört werden. Mich in den Schlaf fallen lassen, den bewegungslosen, und, wenn es sein muss, sogar traumlosen Schlaf.
An einem noch grauen Morgen verirrt sich eine Ratte durch die weit geöffnete Fenstertür, springt aufs Bett, durchquert

es. Offenbar hat sie ihren Irrtum bemerkt, ist gleich wieder zur Tür hinaus.

Der Hafen ist nah.

Der Hafen. Boote. Dampfer.

Zwei blinde Passagiere im Frachtraum eines Schiffs?

Eine Mutter und ihr Kind?

Verrückter Einfall.

Ich hätte es gern

Ich konnte uns nicht retten.

Mir fehlte der Mut.

DER RIEGEL

Als der Mieter unter uns eines Tages hört, wie ich den Kinderwagen von einer Stufe zur nächsten hinuntertrage, *bumm, bumm, bumm* und wieder *bumm*, kommt er raus, um mir zu helfen.

– Schmitz mein Name, Erich Schmitz, ein alter deutscher Jude, der sich freut, in seiner Muttersprache mit Ihnen zu reden.

Wir tauschen Erinnerungen aus. Berlin, seine Stadt, meine Stadt, der Kurfürstendamm, der Grunewald, die Flüsse und die Seen, der zoologische Garten, die Doppeldeckerbusse, die U-Bahn, die Cafés, die Theater, die Museen ...

Wir sind zwei Heimatlose ...

Und so habe ich jetzt einen Freund, wir lächeln uns zu, *Guten Tag* und *Grüß Gott*, kommen Sie doch kurz rein ...

Ich nippe an einer Tasse Kaffee oder einem Glas Wein, je nach Tageszeit, genieße Wiener Gebäck, erfahre durch meinen Gastgeber, einen gierigen Zeitungsleser, was in Deutschland vor sich geht.

Er bietet mir Bücher an, Zeitschriften, *alles auf Deutsch*. Treten Sie doch ein, mit dem Kleinen, ja natürlich, ist der süß, was kann ich Ihnen anbieten, so viel Zeit muss sein ...

Sie vergeht, ohne dass ich es merke, bis ich plötzlich rufe: *Ach du liebe Güte, mein Mann!* Er ist bestimmt heimgekehrt ...

Ich muss los ...

Ich lache, ich möchte gar nicht weg, die Wohnung dieses Herrn erinnert mich an das Arbeitszimmer meines Vaters, überall Bücher, sogar auf dem Boden, alte Stiche an den Wänden, Nachschlagewerke ...

Ich eile, die Tomatensauce auf dem Herd hatte ich ganz
vergessen ...

✳ ✳ ✳

Die unschuldige Freundschaft zwischen einem liebens-
würdigen alten Mann und einer einsamen jungen Frau endet
bald mit einem Verbot:
– Ich will nicht, dass du dich mit Monsieur Schmitz abgibst.
Sprachlos ob dieses Angriffs auf meine Freiheit, äußere
ich meine Wut nicht. Ich bin wie das junge Pferd, das sich
nicht einspannen lassen will, nur würde dieses junge
Pferd laut werden, sich aufbäumen, nach allen Richtungen
ausschlagen, während ich versteinere, verstumme.
Schließlich hat es diese Drohung gegeben. Am Abend der
verspäteten Heimkehr hatte mein Mann auf mich gewartet.
Rasend vor Wut. Dabei hatte er doch den Kinderwagen
im Treppenhaus gesehen, vor der Tür von Monsieur Schmitz,
er hätte klingeln können, stattdessen war er in die Wohnung
hinaufgegangen, hatte die Herdplatte unter der Tomatensauce ausgemacht und sich hingesetzt.
– Na, knurrte er, war's lustig beim Nachbarn? Beim Chleu?
Küsst er gut, dieser dreckige Jude?
Über so viel Brutalität lachte ich hilflos, ich brach in Tränen
aus, schrie, ich halte es nicht mehr aus, ich wolle weg, zu
meinen Eltern, nach Hause, in meine Heimat, meine Stadt ...
Da warnte mich der Mann
in seiner Eigenschaft als Polizeiinspektor
mit einem heimtückischen Lächeln,
dass sämtliche Grenzbeamten schon am nächsten Tag
die Weisung erhalten würden, mich festzunehmen,
eine junge Frau, ob mit oder ohne Baby, Pass, Ticket, egal!

34

– Du wirst es nicht schaffen!

Angst befiel mich.

Die Nazis hatten mich gelehrt, jene zu fürchten, die andere qua Amt zu Gesetzestreue anhielten. Diese Lehre hatte ich noch nicht vergessen.

Ich hätte um Hilfe schreien sollen. Aber wer hätte mich gehört?

Der Riegel war vorgeschoben, die Ehefrau, ich, unterlegen.

IN DER HERBERGE IST NOCH PLATZ

Martha, meine überaus gute Mutter, erkennt die Schwermut im Geplapper meiner Briefe: *Alle sind wohlauf ...*
Martin hat jetzt mehr als zehn Zähne ... Er ist ganz begeistert
von der Auslage der Blumenhändler an der großen Avenue ...
Ich habe immer Lust, mir welche zu kaufen, aber das wäre
leichtsinnig ... Es ist Erbsensaison ... Anderthalb Kilo habe ich
auf dem Markt gekauft, das Aushülsen hat viel Zeit gekostet ...
Sie hat gerade ihren Mann und ihre Tochter Christa nach
London geholt.

So ein Glück aber auch, diese britischen Pässe, Theos Geburt in Ghana, wo sein Vater Missionar war ... Eva, die älteste
Tochter, mit einem jüdischen Geschäftsmann verheiratet,
war 1933 auf diese Möglichkeit gestoßen, Deutschland zu
verlassen.

Theo unterrichtet im Rahmen der Entnazifizierung deutsche Kriegsgefangene, Christa arbeitet als Barmaid, ihre
Kinder besuchen die benachbarte Schule; sie wartet darauf,
dass ihr Mann, einer dieser Gefangenen, die von Theo
unterwiesen werden, entlassen wird. Martha führt ein *Bed*
and Breakfast in Hampstead Heath, dem Viertel, in dem
Eva und John – inzwischen hat sie ihren Geschäftsmann
durch einen Kanadier ersetzt – mit ihrem Sohn leben.
Warum sollten Marguerite und Martin sich nicht einfach
hinzugesellen? In der Herberge ist noch Platz.
Komm, im Büro der Air France liegt ein Ticket für dich bereit.
Und ich fliege davon.

Nichts konnte mich zurückhalten. Weder die leeren
Drohungen noch die großen Versprechen.

Mit Martin im Arm lande ich in London.

– Denk an nichts, sagt Martha, erklär mir nichts. Du bist müde.
Geh rauf in dein Zimmer, wirst sehen, das mit den gelben
Vorhängen. Lass den Kleinen hier, ich kümmere mich um ihn.

Ah! Einfach die Tür hinter sich schließen zu dürfen, an nichts
denken zu müssen. Schlafen.

Martin, sagt sie am nächsten Morgen, hat es an nichts gefehlt,
und er hat auch ein Schläfchen gemacht.

Gegen sechs, ergänzt Theo, bin ich mit ihm rausgegangen.
Wir sind im Schein der hübsch umnebelten Laternen spaziert.
Ich habe ihm ein paar Zeilen von Saint-Exupéry vorgetragen ...

Das ist das friedliche Leben im Clan. Die Familie mag nicht
reich sein, aber alles läuft harmonisch.

Abends herrscht großer Andrang.

Es wird über so vieles diskutiert: Politik, Literatur, Kunst,
alles kommt zur Sprache. Deutschland. Der Untergang.
Der Wiederaufbau.

Ich lausche, sauge alles auf. Begierig.

In Tunis wurde mit mir über nichts geredet und ich redete
mit niemandem.

Ich kehre nicht dorthin zurück.

Ich schreibe einen Brief.

Zwei Wochen später rückt der Mann an. Klingelt an der Tür.
Ich öffne sie nicht.

– Wir können ihn nicht auf der Straße stehen lassen, erklärt
die weise Christa.

Wie wird dieser Besuch enden?

Jeden Tag versucht er aufs Neue, mich zu überreden.

– Dir gefällt Tunis doch.

– Ja, aber ich kehre nicht dorthin zurück.

– Und wovon willst du hier leben? Ich schicke dir garantiert
kein Geld.

– Ich werde in einem Restaurant arbeiten, in einem Hotel.
Werde Französisch unterrichten, übersetzen.
Die Argumente wiederholen sich.
Meine Angehörigen halten sich taktvoll zurück.
Bei Tisch stellt Theo seine Französischkenntnisse unter
Beweis.

– Tunesien ist ein französisches Protektorat, ruft er sich
in Erinnerung. Ist das eine gute Sache?
Die Antwort fällt vage aus. Dem Besucher geht es nicht
um eine Rechtfertigung des Kolonialismus.
Martha, stets liebenswürdig, vermag Distanz zu wahren.
Ob ich es vermag, wieder mit ihm zusammenzuleben?
Ihm zu gehören, wie es so schön heißt?
Nein!
Er gibt vor, sich um meine Eltern zu sorgen:

– Die Gäste zu bedienen, strengt deine Mutter zu sehr an.

– Das ist ihre Entscheidung. Außerdem wird das vermutlich
nicht immer so gehen. Eines Tages werden sie nach
Deutschland zurückkehren.

– Und du?

– Mal sehen.

– Und mein Sohn?

– Ich werde schon zurechtkommen.

– Mir bleiben nur noch fünf Tage. Am 20. Oktober ...
Ich weiß, alle wissen es: Der Abreisetag steht schon fest.
Am Abend vor der Abreise des Fremden findet das statt,
was man einen Liebesakt nennt.
Was habe ich mir nur dabei gedacht?
Hat er mir leidgetan?
Dachte ich vielleicht, ein Mal wäre kein Mal?
Dass es sich um eine Art Abschiedsgruß handelte?
Müßige Fragen.

In meiner Gebärmutter hat sich ein Fötus eingenistet,
widersteht jedem Abtreibungsversuch, den wiederholten
Sprüngen vom Tisch auf den Boden, den Petersilien-
aufgüssen, Chinindosen ...
Nichts.
Kein Tröpfchen Blut.
Übelkeit.
Ich bin verzweifelt.
Ich schäme mich.
Theo redet von einer Rückkehr nach Berlin. Von der Wieder-
geburt einer Demokratie.
Christa, ihr Mann, ihre Kinder sind bereit, nach Deutschland
zurückzugehen.
Eva und ihr Mann denken darüber nach, England zu
verlassen und sich in Montreal anzusiedeln
wie so viele andere.
Und ich?
Ich stoße überall an
ich weiß nicht, was ich tun soll
wie kann ich
ohne Beruf, ohne Ausbildung
ein eigenes Leben wagen?
Meinen Eltern zwei Kinder aufzwingen?
Mich mit ihnen an Eva hängen?
Wie man sich bettet, so liegt man
comme on fait son lit, on se couche
das sagen mir meine beiden Sprachen immer wieder
ich sage es mir immer wieder
ich werde zwei Kinder an die Hand nehmen müssen,
zwei Kinder
des Zufalls, des Leichtsinns, den ich mir bis heute
vorwerfe.

Zwei Hände voll zu tun
tausend kleine und große Dinge
an ihnen zu verrichten von früh
bis spät
nachts auch
unaufhörlich
im verfrorenen, fragilen Nest, dem einzigen, das ich
ihnen bieten kann,
wo ich mein Bestes versuchen werde.
Ich, unbedachte, gedankenlose Mutter.

GLEICH UND ANDERS

Juli 1948. Das zweite Kind kommt. Langsam. Ganz langsam.
Wieder möchte ich nur schlafen.
Ein Dammschnitt macht mich weit auf, lässt das elf Pfund
schwere Baby durch.
– Ist der schön, schwärmt die Hebamme.
Wieder nimmt der Arzt auf dem Hocker zwischen meinen
Beinen Platz
setzt seine Brille auf
fädelt das Garn ein
legt die Nadel an, führt sie ein, flickt mich zusammen.
Wie eine Hausfrau, die einen Seidenstrumpf stopft.
Von Betäubung keine Spur.
– Hier wird es wehtun, Madame. Dort sind allerdings keine
Nerven, Sie werden nichts spüren.
Martha, die gute Mutter, die wunderbare Mutter, ist wie
versprochen gekommen, sie hält mir die Hand.
Das dicke Baby scheint zu lächeln.
Zu Hause drückt sein Bruder aus, wie verstört er ist, indem
er nachts mit dem Kopf gegen die Bettwände schlägt.
Sein Vater schläft. Ich schlafe.
– Hört ihr ihn denn nicht, fragt Martha am Morgen.
Bestimmt hat er Kummer.
Nein, wirklich nicht, nachts schließe ich die Zimmertür,
bekomme nichts mit, nein, Martins mutmaßlicher Kummer
hat mich nicht geweckt, ich habe ihn nicht rufen hören.
Bin nicht zu ihm geeilt, um ihn zu trösten. Kurzum, bereits
als Zweijähriger ist Martin ein schwieriges Kind mit einer
müden Mutter, schwierig auch sie, taub für den Kummer
ihres Sohns.

Martha geht mit ihm in die Sonne hinaus. Lässt ihn auf den Bettler an der Avenue Jules-Ferry zustürmen und ihn umarmen.

Sie lacht:

– Er hat einen mitfühlenden Blick. Den sollte man ihm bewahren.

Mich hingegen ermahnt sie:

– Du hast nur einen Körper, mein Schatz, verausgabe dich nicht allzu sehr, sagt sie vor ihrer Rückkehr nach Europa.

Ihre Ratschläge lege ich in den Tiefen meines Gedächtnisses ab.

» AD INFINITUM «

Ich sorge weiterhin für die anderen, bereite das Essen
zu, lerne mit Hilfe der Schwiegermutter Suppen zu kochen,
Soufflés zu machen, Salate, Nudeln mit verschiedensten
Saucen, Couscous, Presswurst, Kutteln à la mode de Caen
oder Lyoner Art und andere eher preisgünstige Gerichte,
Fisch, sonntags vielleicht eine Lammkeule, wenn sie zum
Mittagessen kommt. Und auch Desserts, Crème caramel,
Reiskuchen, Crêpes, Krapfen, Tartes, Kirschauflauf,
Schwimmende Inseln, Baisers.
Hört es denn nie auf mit all diesen Rezepten?
Als gute Mutter koche ich Marmelade, aus Erdbeeren,
Aprikosen und Quitten.
Ich erinnere mich an den Handarbeitsunterricht in der deut-
schen Schule, nicht dass mir diese damenhafte Beschäf-
tigung besonders gefällt, aber ich nähe Kleidung für meine
Kinder, stricke ihnen Strampelhöschen, Pullover und
Pudelmützen.
Der Keramikboden ist immer sauber. Die Wäsche von Hand
gemacht. Ein Waschbrett, die gute Marseiller Seife, jedes
Teil klargespült, ausgewrungen, auf der Terrasse aufgehängt,
so komme auch ich in Berührung mit der Sonne ...
Die Hemden des Ehemanns
seine Unterhosen
meine Schlüpfer
alles treibt im Wasser
segelt im Wind
getrocknet, gebügelt, gefaltet, eingeräumt
und ja nicht die Windeln vergessen
Vierecke aus weißer Baumwolle

täglich mindestens ein Dutzend.
Morgen ist eine Kopie von gestern.
Schritt für Schritt rücke ich im geordneten Labyrinth der
Haushaltspflichten vor, die ich zu erfüllen habe.
Ausgang?
Sechs Jahre, in denen ich ein Baby, ein Kleinkind vor mir
herschiebe, Baby, Kleinkind
das eine liegend oder sitzend
das andere an meiner Hand.
Eine Übung für die Armmuskulatur?
Da hätte ich mir mehr Abwechslung gewünscht.

IM SCHATTEN DES
ZWEIHORNIGEN BERGES

Umzug nach Saint-Germain[4]. Ein Vorort. Weniger Miete.
Am Dorfrand eine kleine Wohnung im Haus eines ehe-
maligen Eisenbahners.
In der Ferne der Boukornine,
bis heute ein Symbol für die jungen Leute, die ihn auf
Facebook besingen
seine rosafarbenen Zyklamen, deren Duft, dessen Lang-
lebigkeit.
Der Vulkan, der so dicht
neben mir schläft
im Jahr 1950.
Nur ein paar Quadratmeter Garten, aber immerhin
ein Garten.
Wein rankt an den Mauern des Innenhofs.
Schwere Muskatellertrauben bieten einen kostenlosen
Nachtisch.
Der Granatapfelbaum mit den glänzend grünen Blättern,
den roten Blüten, männlichen und zwittrigen, bringt Früchte
mit einer Schale so zäh wie Leder hervor, hinter der sich
Hunderte von fleischigen, saftigen Samenmänteln verbergen.
Ein wenig Rotwein, ein wenig Zucker, wieder ein Nachtisch.
Und der Feigenbaum
ausladend und stämmig
mit weit ausgestreckten Ästen
nie beschnittener Baum

4   Heute Ezzahra.

beladen mit grünen Feigen
an die ich täglich zurückdenke.
Morgens.
Die nächtlichen Hunde sind verstummt,
die Ziegen schon vorbeigezogen.
Nichts rührt sich.
Ich lausche der Stille
genieße den Anblick der breiten Blätter
der Früchte, die sich anfühlen wie Samt
pflücke jene Frucht, die mir wonnig
auf der Zunge zergehen wird.
Und da ist noch das Meer. Das Meer, nur fünfhundert
Meter entfernt.
Jeden Tag das Meer.
Wenn ich es sehe, es einatme, es berühre, fühle ich mich
willkommen geheißen.
An einem milden Sommermorgen lasse ich mich treiben,
auf dem blauen, unbewegten Wasser ausgestreckt.
Schwebe.
Ob das Mittelmeer mich forttragen wird? Groß ist die Ver-
suchung, es einfach geschehen zu lassen. Die Arme aus-
gebreitet, die Augen auf den ebenso blauen Himmel gerich-
tet, versinke ich in einem Traum ohne Handlung.
– Mama!
Das ist Martin, der seine Mutter braucht.
Wirklich?
So oder so ist der Traum vorbei.
Ich eile zurück an den Strand des realen Alltags.

HERAUSFORDERUNGEN

Zwei Räume. Der Eingangsbereich, zwei Meter breit, vier
Meter lang, wird als Esszimmer dienen. Links ist das Kinder-
zimmer, mit einem Fenster zur Gartenseite. Rechts ist das
Elternzimmer, die Wände dunkelgrau gestrichen, in Öl,
in der Farbe der französischen Bahngesellschaft. Eine Bor-
düre aus dicken gelben Zitronen setzt die Wände von der
Decke ab.
Kennst du das Land, wo die Zitronen blühn?
fragt Goethe
eleganter Reisender mit großem Schlapphut samt breiter
Krempe
den Blick auf das ferne römische Umland gerichtet
Tischbeins Werk
berühmtes, beinahe gigantisches Gemälde
aus einer anderen Zeit.
Zu groß für unsere Wohnungen, sagte der Dichter
und das Porträt hat nichts mit der Wohnung des Eisenbahners zu tun
abgesehen von den Zitronen
den schlecht gemalten
die hoch oben an der Wand verkünden
dass er hier ist, der heiß begehrte Süden.
Dann
unverzüglich
ohne Vorwarnung
tritt sie plötzlich wieder in Erscheinung
die übermächtige Banalität des Realen:
Bad ohne Dusche oder Wanne, Waschbecken mit fließend
kaltem Wasser, WC

eine enge Außenküche.

Um sie zu erreichen, muss man die Wohnung verlassen
und zwei Stufen hinuntergehen
den Hof durchqueren und alles umrunden, was dort herum-
liegt: Dreiräder, Spielsachen, Kakteen, Schüsseln, Besen,
Schuhe und Gerümpel
die zwei Stufen zur Küchentür hinaufgehen, sie öffnen und
schließlich diesen so wichtigen Ort betreten, wo sich über
einer Spüle ein Hahn für kaltes Wasser befindet.

Mit Servierplatten, Tellern und Besteck beladen, gehe ich
ständig hin und her, mehr oder weniger blindlings.

Solche Herausforderungen schrecken mich nicht: Im österreichischen Bauernhof, unserer Familienzuflucht während
des schrecklichen Krieges, gab es kein fließend Wasser,
man holte es von draußen, wo in einem ausgehöhlten Baum-
stamm eine klar und melodisch sprudelnde Quelle aufge-
fangen wurde.

Kein Badezimmer, kein WC, nur ein *Plumpsklo*, eine Art
Kabine, dazu ein Brett mit Loch, eine Grube, in die alles ge-
räuschvoll hineinplatschte.

Kein Strom? Abends zündeten wir eine oder zwei Öllampen
an. Ein Holzofen ersetzte den Berliner Elektroherd.

In Schwarzenberg gab sich Martha alle erdenkliche Mühe,
damit wir es schön hatten.

In Saint-Germain versuche ich, ihr nachzueifern. Kein Gas-
anschluss? Dann probiere ich es eben mit einem Primus-
Kocher, wie so viele tunesische Frauen.

Oh, wie ich diesen Primus-Kocher hasse!
Ich hasse den Primus-Kocher
prima zum Zelten
unbrauchbar, wenn es darum geht, täglich für die ganze
Familie zu kochen.
Am liebsten würde ich ihn in den Müll werfen
diesen Gegenstand, der nach und nach zum Sinnbild meiner
unglücklichen Ehe wird.
Ihn explodieren lassen
ihn mit Fußtritten traktieren
mit einem Hammer oder Dampfhammer
einem Schraubenschlüssel, einem Poloschläger
so geben Sie mir doch eine Handbügelsäge!
Doch anstatt es mit dem Feuer meiner Wut
in Brand zu stecken
poliere ich das Monster
jeden Tag aufs Neue.
Die Familie verlangt nach ihren Mahlzeiten
ihren unzähligen Mahlzeiten
zwei warme Mahlzeiten am Tag
siebenhundertdreißig im Jahr
wie viele Jahre noch?
Ich sehe sie gern essen,
meine Kinder,
aber ich hasse
dieses Gerät, das 1892 von einem Schweden entwickelt
wurde
eine alltägliche Herausforderung
die Gebrauchsanweisung muss strikt eingehalten werden:
Ich prüfe nach, ob im Behälter genug Kerosin ist.
Der Geruch ist penetrant.
Meine Hände stinken.

Ich gieße etwas von dieser Flüssigkeit in das Pfännchen unter dem Brenner, reibe ein Streichholz, zünde sie an.

Ich warte eine Minute, bis der Brenner sich aufheizt.

Dann nehme ich die kleine Pumpe in die Hand.

Nun flammt auch der Brenner auf.

Mit der Pumpe stelle ich die Flamme ein.

Es ähnelt einer Liebeshandlung,

dabei geht es ums Kochen.

Achtung! Um zu verhindern, dass sich Flammen, Ruß und dieser grässliche Gestank in das Gericht mischen, muss man die Töpfe gut verschließen ...

Ich bin listig. Ich mache das mit Absicht, weil ich will, dass der Benzingeschmack sich ab und zu bemerkbar macht.

Diese Unfälle führen zum Kauf eines Gaskochers.

Und so macht mich ein Gaskocher glücklich ... Wer hätte das gedacht?

DIE SICKERGRUBE

… um welches Jahrhundert in der Weltgeschichte es sich immer handelt, ich sehe die Frau in einer unhaltbaren Grenzsituation, auf einem Faden über dem Abgrund schweben **Marguerite Duras** [5]

Die heftigste Herausforderung ist die Sickergrube, ein einfaches Loch im Garten, mit Steinen und Ziegeln abgedichtet und einer schweren, zwei Quadratmeter großen Zementplatte bedeckt. Dort wird das »Schwarz- und Grauwasser« hineingekippt: Putzwasser, Abwasser aus Küche, Bad und Klo. Diese Grube, deren Tiefe ich nicht nachgemessen habe, füllt sich schnell. Jeden Monat muss sie entleert werden. Zwar gibt es einen Arbeiter, Ali, der bereit wäre, das zu übernehmen, aber es fehlt an Geld. So sehr, dass ich manchmal nicht weiß, ob ich es wagen kann, ein halbes Pfund Hackfleisch für die Tomatensauce zu kaufen oder ob ich den Mann aus Djerba, den freundlichen Lebensmittelhändler, um Kredit bitten muss. Wie soll ich da Ali bezahlen? Ich kann es mir nicht leisten.
Und so wird die Hausfrau zur Sickergrubenentleererin.
Mit einer Eisenstange schiebe ich die Zementplatte weg, tauche einen Eimer, der an einem Besenstiel befestigt ist, in die schwarze, ekelhafte Flüssigkeit, in der fette weiße Tierchen schwimmen
hole ihn wieder heraus und kippe den Inhalt in ein Loch, das ich bereits in einem anderen Teil des Gartens ausgehoben

---

5 *Das tägliche Leben.*

habe. Den Garten, übersät mit diesen zusätzlichen Sicker-
gruben, in die sie abrutschen könnten, dürfen meine Söhne
nicht betreten, auch nicht die kleine Küche, wo sie vielleicht den von einem Couscoustopf oder Kessel voll kochen-
dem Wasser für die Spaghetti gekrönten Primus-Kocher
umstoßen würden.
Ich bemuttere meine Söhne nicht.
Sollen sie auf der Straße herumrennen,
sich nach dem Regen im Schlamm des Feldes suhlen,
das zwischen uns und dem Boukornine liegt,
was aber richtige Gefahren betrifft ...
Wenn ich nur daran denke ...
Wie soll man überhaupt auf zwei so rastlose Bengel
aufpassen?

DIE ABENDBÄDER

Der riesige Kessel mit heißem Wasser
von der Außenküche in das Innenbad getragen
in das kalte Wasser ausgegossen, das bereits einen Gutteil
der kleinen Blechwanne füllt, gerade groß genug, um zwei
Kinder hineinzusetzen und sie zu waschen ...
Ich sehe sie gern
zunächst dreckverschmiert
und dann blitzsauber
die Haare vom Wasser geglättet
den kleinen Schniedel unter dem rundlichen Bauch
die sonnengebräunte Haut
die Füße so weich ...
die Hände platschen
das Wasser spritzt
wir lachen
schnell
die beiden abtrocknen
die Rücken reiben
die Haare
sie lieben
leidenschaftlich und vergnügt.
Und dann werde ich zur Herkules-Mama
ein-zwei-drei
hebe die Wanne an
kippe das Wasser ins Klosett
von dort gelangt es in die Grube
die dann leider wieder geleert werden muss.
Ein Teufelskreis, der zu durchlaufen ist, ohne den Kindern
zu sagen, dass das, was ihnen so viel Spaß bereitet, hart ist,

dass man es manchmal satthat, dass man manchmal nur lacht, um mit ihnen zu lachen.

GEWALT

An seinem allerersten Schultag fängt Martin an zu weinen.
Er sitzt nicht an, sondern unter seinem Pult und teilt der
Lehrerin mit, dass ihm seine Mutter viel lieber ist als sie,
und er braucht in den folgenden Wochen sehr lange, um das
Alphabet zu lernen, das ihm vollkommen überflüssig erscheint, genau wie die Zahlen. Bis fünf mag er noch zählen,
weil er fünf ist, will es aber gern dabei bewenden lassen.
*Sechs Würstchen für das Mündchen, sieben Küchlein für
das Zünglein* – da ich die Vorlieben meines Sohnes kenne,
singe ich ihm die Zahlen vor.
Er stellt sich taub.
Ich lache. Mir gefällt es, dass mein Sohn sich auflehnt.
In seiner Klasse sind dreiundzwanzig Schüler, ein einziger,
er nämlich, sperrt sich gegen das, was die anderen für
normal halten. Ist er zu dumm? Allem Anschein nach nicht,
er kann sehr gut ausdrücken, was er fühlt. Ob er zu sehr
verhätschelt wird? Die Zuneigung, die er seiner Mutter ent-
gegenbringt, ist rührend. Allerdings ist er nicht gerade
pflegeleicht.

***

Der Vater legt den Gürtel ab, um diesen Sohn zu verprügeln,
der keine Zahlen aufsagen will, verkündet ihm mit lauter,
böser Stimme, dass er jetzt seine *wohlverdiente Strafe* bekommt. Dass es weitere geben wird, falls er sich immer noch
weigert, das auswendig zu lernen, was man ihm aufträgt.
– Hose runter!
Mein Sohn zittert. Sieht mich ängstlich an.

– Schlüpfer runter!
Diese Gürtelschläge auf dem kleinen weißen unschulds-
vollen Hintern.
Niemand hat mich je geschlagen, trotzdem gehe ich nicht
dazwischen.
Eine gute Mutter hätte ihren Sohn doch beschützt?
Habe ich etwa Angst um mich?
Eine gute Mutter hätte ihrem Sohn doch begreiflich gemacht,
dass die Schule eine nützliche und notwendige Einrichtung
ist?
Bin ich als Mutter gut genug, wenn ich das Kind, sobald
die Schläge und Schreie aufgehört haben, in den Arm nehme?
Ihm die Schmerzenstränen von den Wangen wische? Ihm
sanft über die wunden Pobacken streiche?
Oder bin ich einfach nur feige?
Ich hätte auf sein Schluchzen hören sollen, auf diesen Schrei
– *Mama!*
Hätte nach dem Gürtel greifen, mich in die Schlacht werfen,
brüllen müssen
– *Hör auf!*
dem gewalttätigen Mann die Stirn bieten
meinen Sohn beschützen.

✳ ✳ ✳

2013 lese ich Elie Wiesel, der sich in Buchenwald nicht getraut hatte, seinen Vater vor den Schlägen eines ss-Offiziers
zu beschützen:

> *Dann schritt ein Offizier die Betten ab. Mein Vater flehte:*
> *›Mein Sohn, Wasser ... Ich verbrenne ... Mein Bauch ...‹*
> *›Ruhe, dort!‹ brüllte der Offizier.*

›Elieser‹, rief mein Vater in einem fort, ›Wasser ...‹
Der Offizier trat heran und schrie, er solle den Mund
halten. Aber mein Vater hörte nicht und rief in einem fort.
Der Offizier schlug ihm mit seinem Knüppel auf den
Kopf. Ich rührte mich nicht. Ich fürchtete, mein Körper
fürchtete, auch einen Schlag zu bekommen.

(Aus: *Die Nacht: Erinnerung und Zeugnis.* Aus dem Französischen von Curt Meyer-Clason, 1962; OA 1958)

Im Vorwort zur Neuausgabe 2007 erinnert sich Elie Wiesel:

Das verzeihe ich mir nie. [...]
Sein letztes Wort war mein Name. Ein Ruf.
Und ich bin ihm nicht gefolgt.

* * *

Ich schäme mich, meine Untätigkeit mit dem Leid Elie Wiesels in Verbindung zu bringen, dessen Worte mich ergreifen. Mein Kind ist nicht gestorben. Im Haus in Saint-Germain gab es keine SS, nur einen brutalen Mann und meinen Sohn, der nach mir rief.

* * *

Mit der Zeit lernt er schließlich die Zahlen und die Buchstaben, sein Vater prügelt ihn nicht mehr, doch ich, die Mutter dieses Kindes, begreife immer noch nicht, warum ich nicht gegen diesen Akt der Gewalt aufbegehrt habe.
Mein Sohn war voller Angst, ohne mütterlichen Schutz, halbnackt, er verlor jeden Halt. Sein Körper wusste, dass er

gefährdet, dass er klein, sein Vater hingegen größer und kräftiger war.

Weil seine einzige Stütze, seine Mutter, auch sie groß und kräftig, ihn aufgegeben hatte, konnte er der Gefahr nicht entkommen.

Und was mich betrifft, wie konnte ich diesem Mann nur das Essen servieren, mich zu ihm setzen, mit ihm essen, mich ihm abends sogar hingeben, mit dem geschlagenen Kind gleich nebenan?

Ich bin von mir selbst angewidert, sinke in mich zusammen.

Heute, als alte Frau, versuche ich zu verstehen.

»ICH SUCHE NICHT – ICH FINDE[6]«

Ahnt er die stumme Verzweiflung, mit der ich mich herum-
schlage? Ohne sich groß zu erklären, schickt Theo mir
die Bücher, die er in französischer Sprache besitzt: Pascal,
Voltaire, Rousseau, Balzac, Stendhal, Flaubert, Zola,
Baudelaire, Proust.
Die Liste ist lang und ich bin gierig.
Ich ernähre mich von Büchern.
Ich lese, bis die Kartoffeln gar sind, der Couscous fertig,
das Soufflé gelungen ist.
Bis die Kinder und der Ehemann eingeschlafen sind.
Ich lese. Bereichere mich.
Ob das Zufall ist?
Auf einmal entdecke ich bei mir ein Talent: Ich habe mich
doch um die Kinder meiner Schwester gekümmert, um
die Kleinen im Hort des österreichischen Dorfes?
Aus dieser Erfahrung wird ein Zubrot.
Der Eingangs-und-Essbereich verwandelt sich dreimal pro
Woche in eine Vorschule, wo gemalt, gesungen und ge-
tanzt wird, wo ich mir ein kleines Taschengeld verdiene,
indem ich vier Kinder aufnehme,
deren Mütter in der Außenwelt arbeiten ...
Dass ich das auch tun könnte, kommt mir noch nicht in
den Sinn.

6   Picasso.

DIE TÜREN TUN SICH AUF

1953 folgt Michel, vernünftiger,
stummer Zeuge
der Gürtelschläge, die Martin abbekommen hat,
seinem Bruder in die Dorfschule.
Sie gehen zu Fuß hin,
plaudernd
gemeinsam
was ihnen Freude macht.
Das gewährt mir einen gewissen Freiraum.
Ich suche und finde eine Stelle als Lehrerin, lerne,
den alten Peugeot meines Mannes zu fahren, entdecke allmählich die Freiheit, während ich dreimal wöchentlich
zwanzig Kilometer zurücklege, um in einer höheren Schule
all das zu lehren, was ich junge Maghrebiner lehren soll,
die lieber Fußball spielen würden.
Der Schulleiter befragt mich:
– Sie sind deutscher Abstammung, Madame? Dann
   können Sie ihnen bestimmt klassische Musik nahebringen.
– Europäerin? Geben Sie ihnen eine Einführung in die
   griechische Antike.
– Und da wäre noch Erdkunde. Dieses Jahr geht es um Winde
   und Strömungen.
– Gern auch Englisch, wenn Sie so nett wären.
   Mit Erdkunde kenne ich mich kaum aus, mit Winden und
   Strömungen gar nicht. Aber was täte ich nicht alles, um den
   mageren Lohn zu verdienen, den man mir bietet, und die
   Türen zu passieren, die sich vor mir auftun. Sobald die Kinder
   abends im Bett sind, werde ich den Unterricht für den jeweils
   nächsten Tag vorbereiten.

60

Eine Schwierigkeit, die es zu überwinden gilt: Ich habe
nicht die französische Staatsbürgerschaft, ohne die man in
Tunesien, dem französischen Protektorat, nicht unterrich-
ten darf. Weil ich mit einem Franzosen verheiratet bin, kann
ich mich einbürgern lassen.
Und da bin ich nun mit meinen drei Nationalitäten, stolze
Weltbürgerin ...
Doch wo soll ich, perfekte Hausfrau in dieser bescheidenen
Bleibe, denn hinreisen?
Und wann? Ich wage nicht, daran zu denken.
Dafür schreibe ich mich noch im selben Jahr an der Hoch-
schule von Tunis ein.
Ich bin dreißig Jahre alt und habe einen solchen Durst.
Durst nach Wissen, Durst nach Teilhabe an der Außenwelt,
Durst nach Freiheit, und auch Durst nach Freude.
Durst, Durst, Durst!

BERGSTEIGEN

*Sie [die Traumarbeit] denkt, rechnet, urteilt überhaupt
nicht, sondern sie beschränkt sich darauf, umzuformen.*
Sigmund Freud

Am Samstagnachmittag Volleyball mit Nachbarn.
Wie sie das ungleiche Paar wohl fanden?
Keinerlei Erinnerung. Bis auf die ans flüchtige Vergnügen.
Sonntagnachmittag wird Bridge gespielt. Wöchentlich fünf
bis sechs Stunden Freizeit.
Eher wenig, insgesamt.
Und die Kinder?
Ich entferne mich von meinen Kindern.
Tagsüber sind sie in der Schule, ich bekomme sie stunden-
lang nicht zu sehen, zu hören, zu fassen. Ich vergesse sie
nicht, klar, natürlich bleiben wir zusammen, doch meine
Aufmerksamkeit lässt nach, schließt sie nicht mehr ein;
kein ständiges Wachen mehr.
Ich habe Zeit zu lernen,
das Wenige, was ich weiß, zu hinterfragen.
Ich werde von Wissenslust beherrscht.
Nichts wird mich aufhalten.
Die schlechte Mutter setzt sich durch.

UND WIEDER EIN VERBOT

– Morgen geht's nach Zaghouan, Marguerite. Um halb neun
fahren wir los und sind vor drei zurück. Siebzig Kilometer,
nur ein Katzensprung. Und dieses Aquädukt ist eine
Reise wert!
Seit Wochen erzählt Claude, Bridge- und Volleyballspieler,
dass er mir das Land jenseits von Tunis und von Saint-
Germain zeigen will. Als Vertreter von Shell Tunesien fährt
er oft kreuz und quer durch die Gegend.
– Ich werde bereitstehen.
Den Abend verbringe ich damit, von diesem Ausflug zu
träumen, mir die Ruinen des Aquädukts zwischen Zaghouan
und Karthago vorzustellen, der die Karthager im zweiten
Jahrhundert mit Trinkwasser versorgte.
Die Kinder werden in der Schule sein, ich brauche weder
einen Kurs zu besuchen noch zu geben.
So eine Freude! Ich werde etwas vom Land zu sehen be-
kommen ...
Mal sehen ...
Am Morgen ist Jeans Gesicht verschlossen wie an all seinen
schlechten Tagen.
– Ich will nicht, dass du mit Claude fährst. Soll er doch seine
Frau mitnehmen, wenn er Gesellschaft braucht. Ich unter-
sage es dir ... ich verbiete es dir ...
Stumm blicke ich ihm hinterher.
Stehe vor dem Gartentor aus Metall, das blau gestrichen ist,
wie so viele tunesische Tore.
– Ach! Wie sehr liebe ich die Farbe Blau
das Blau der Maschrabiyyas auf den weißen Wänden
das Blau der Augen meines Erstgeborenen ...

Ich warte auf Claude in seinem Renault 4:
- Er hat mir verboten ...
- Und?
- Wollen doch mal sehen ...
- Sind Sie sicher?
- Ja.
Claude macht das Radio an. *Padam, padam*, singt Édith Piaf.
- Halten Sie gut Ausschau, Marguerite, und geben Sie Bescheid,
  sobald Sie die erste Arkade sehen.
Ich halte Ausschau ...
Olivenbäume, Felder, ein Mann mit rotem Fes auf seinem
Esel, Kinder, die barfuß laufen
Palmen mit länglichen Blättern, die im Wind tanzen
Reihenweise silbergraue Olivenbäume ...
Wie heißt es bei Baudelaire?
Berauscht euch!
Erster Halt in Mohammedia
Ruinen eines Bey-Palasts.
Ein Kaffee, bevor wir weiterfahren.
Nach zwei Minuten rufe ich:
- Da!
Eine, nein drei, nein sieben hohe Steinarkaden, selbst im
verfallenen Zustand noch stabil, dann geht es weiter,
als spielte das Aquädukt mit uns Versteck. Kaum glaubt man,
das Ende erreicht zu haben, tritt es wieder in Erscheinung ...
Die schönen Bilder schreiben sich im Gedächtnis ein.
Claude referiert:
- Hydrologisches System, 132 Kilometer lang, aus römischem
  Beton und Sandstein, am Boden und in der Höhe, unter-
  irdisch und oberirdisch, 370 Liter Trinkwasser pro Sekunde ...
- Woher wissen Sie das alles, Claude?
- Na, aus Büchern, Museen ... Hier machen wir Halt ...

– Wir sind ...
– In Oudhna, früher Uthina, wo ein junger Archäologe und
  Dreyfus-Anhänger ...
– ... Dreyfus?
– Na hören Sie mal, Marguerite!
– Ich kenne mich nicht aus, Claude, bin eine ahnungslose
  Deutsche ...
– Ach was! Die Dreyfus-Affäre hat gegen Ende des 19. Jahr-
  hunderts einen Gesellschaftskonflikt ausgelöst. Der Archäo-
  loge hingegen hat in Oudhna ein stattliches Haus voller
  Mosaiken entdeckt und sie in das Museum von Bardo bringen
  lassen. Ein schöner Ort, Sie sollten hingehen.
  Wir erreichen Zaghouan.
  Ein Quellheiligtum oder Nymphäum, Becken in Form einer
  Acht vor einer Kolonnade mit zwölf Nischen, dahinter ein
  Wald, wo ich ungezogene Schülerin trödle, um Himbeeren zu
  pflücken.
– Ich bin müde, sage ich schließlich.
– Na gut. Ich brauche nur noch eine halbe Stunde, um mit
  einem Kollegen zu reden. Sehen Sie sich solange im Dorf um,
  heute ist Markt, wir treffen uns dort, essen was und fahren
  dann zurück ...
  Ein Tag, an dem ich viel herumkomme, mit offenen Augen.
  So habe ich unversehens Zugang erhalten zur Welt der
  Erkenntnis.

DIE GESCHLAGENE FRAU

Die Kinder kommen aus der Schule.
Der Mann kommt von der Arbeit.
Das Abendessen verläuft stumm.
Die Kinder ahnen Streit voraus, gehen ohne Widerspruch
schlafen. Für sie ist das Bett eine Zuflucht.
Stille.
Immer noch Stille.
Dann die Gewalt.
Schläge.
Beleidigungen.
– Schlampe! Nutte! Du deutsche Nutte!
Schweigen. Nicht weinen. Nicht wimmern. Nicht die Kinder
wecken.
Scham. Scham, so schwach zu sein, so feige, eine geschlagene
Frau.
Fliehen? Aber wohin? Um was zu sagen?
– Er hat mich geschlagen ...
Es wem zu sagen?
– Was ist das, Mama? Dieser blaue Fleck in deinem Gesicht?
– Ich habe mich gestoßen, mach dir keine Sorgen, mein Schatz.
Ist nicht schlimm.
Schwach. Feige. Unfähig zu handeln.
Den Nachbarn zu sagen, warum Spielen verboten ist.
Töten.
Den Revolver nehmen.
Blut sehen,
im Gefängnis leiden ...
Nein.
Die Schläge also einstecken, die Verletzungen, Beleidigungen.

Schweigen. Gehorchen.

Im selben Bett schlafen, es gibt kein anderes.

Die Scham. Der Ekel. Die unterdrückte Wut. Unmöglich, das zu vergessen.

Die Vorstellung zu handeln.

Die Wörter im Kopf.

Die toten Wörter.

DAS ALTER DER VERNUNFT

Ich reiße mich zusammen.
Reiße mich am Riemen.
Ich will nicht mehr im Unglück leben.
Ich gehe zeitig ins Bett, um am nächsten Tag fit zu sein,
stehe früh auf, wecke die Kinder,
sie gehen fröhlich in die Schule, rundum versorgt.
Ich bin die gute Mutter.
Ich haste zum Unterricht, zum Studium,
bin wieder zu Hause, wenn sie fröhlich heimkehren.
Ich lache mit ihnen
über ihre verrückten Streiche
über ihre Dummheiten
über das, was sie mir erzählen.
Schnell,
ein Nachmittagsimbiss aus Früchten, Datteln vielleicht,
Keksen.
Sie gehen, um mit den Kindern aus dem Viertel zu spielen,
kommen zum Abendessen heim.
Ich bin die nährende Mutter,
ich gebe ihnen einen Kuss, sie schlafen zufrieden ein.
Ich, ehrgeizig und ausgehungert,
lese, schreibe, häufe Kenntnisse an.
Während dieser Stunden werde ich seltsamerweise in Ruhe
gelassen.
Ob die französische Erziehung dem Mann Respekt vor
geistiger Tätigkeit eingeschärft hat? Ob er glaubt, dass ich
eines Tages viel Geld verdienen werde?
Mir geht es um etwas anderes.

DIE LEERE

Juni 1954.
Prüfungen bestanden. Sommerferien. Der Strand. Das Meer.
Ich lege mich in die Sonne, mein Körper entspannt sich.
Meine Söhne rennen mit anderen Kindern herum, gehen weg,
kommen zurück.
Ich höre ihre Stimmen, antworte, sie gehen wieder weg.
Ich muss nur da sein
anwesend
verfügbar
und das ständig.
Dabei ist irgendwo eine Leere.
Meine Kinder, die Sonne, das Meer und tausend kleine Dinge,
die ich alle liebe,
doch irgendwo
ganz nah
ist diese Leere
sie brennt, tut weh, betäubt, blendet, stumpft ab.
Leere wo?
Leere woher?
Ich lese, um sie zu füllen. Ein Buch nach dem anderen.
Wild durcheinander ...
Madame Bovary liebt ihre Tochter nicht allzu sehr.
Ist es möglich, seine Kinder nicht zu lieben?
Virginia Woolf, die keine hat,
verlangt ein Zimmer für sich allein
mit den Taschen voller Steine geht sie ins Wasser.
Penelope macht mit dem weiter, was nicht vorankommt.
Muss man weitermachen?
Die Bücher stellen mir zu viele Fragen.

Ich höre auf zu lesen.
Die Sonne strahlt, ich kann nichts erkennen.
Ich laufe leer
denke leer.
Die Leere umgibt mich
lastet auf mir, trotz Sonne, trotz Kindern, trotz Büchern.
Ich sollte die Last wohl abstoßen, sollte mich lösen.
Auflösen?
Ich koche, bringe kaum einen Bissen runter, nehme ab,
versinke in Selbstmitleid,
dieser Emma nicht unähnlich.
Ich gehe zum Arzt.
Er untersucht mich, tastet Bauch und Brüste ab, redet von
Geschwulst, von Krebs, von operativer Entfernung.
– Oh!, ruft die korsische Schwiegermutter.
– Schade, sagt ihr Sohn zu mir.
Das Messer in meinem Fleisch? Schade?
Ich schreibe meiner Mutter.
– Bloß nicht, antwortet sie, auf keinen Fall, vergiss es, komm
nach Berlin, dann sehen wir, was die Fachärzte dazu sagen.
Der Horizont rückt wieder in Sicht.
Die egoistische Mutter beschließt, für ihren Körper zu sorgen.
– Die Kinder bleiben hier, verfügt deren Vater. Wer weiß,
was du dir noch alles einfallen lässt, um nicht heimzukehren.

DIE ABREISE

Wir sind am Flughafen El Aouina ...
Ich liebe diesen vokalreichen Namen. Ich liebe diese singende, melodische Sprache, die sich ins Ohr schmeichelt. Ich liebe dieses Land, seine Architektur, seine Palmen, seine Bougainvilleen in allen erdenklichen Rosatönen, seine Bewohner.
Der Sommer beginnt, es ist mild, die Leute lächeln, bunt gemusterte Kleider atmen auf dem Rollfeld die Brise ein.
Meine Söhne haben ihre Sandalen ausgezogen, tauchen die Füße in das erfrischende Wasser eines großen Springbrunnens mit vielen Fontänen.
Sie lachen.
Hier ist das Flugzeug, das ich nehmen werde.
Die beiden Jungen, fünf und sieben Jahre alt, sehen es an, sehen mich an
sehen die Mutter im Aufbruch an.
Ich halte sie an den Händen, umarme sie
küsse sie, küsse sie noch einmal
sie riechen gut
ich liebe ihre frischen, schlanken Körper
ihre glänzenden Augen
ihre Stimmen.
Ich liebe sie
ohne Ende.
Aus Angst um meinen Körper fliege ich allein
ohne sie
feige wie ich bin
aus Angst um mich
schlichte Angst vor dem Messer in meinem Fleisch.
Hätte ich keinen anderen Arzt in Tunis aufsuchen können?

Hätte eine gute Mutter ihre Kinder verlassen? Sie diesem
Vater anvertraut?
Der Große sieht mich an.
Stumm.
Weiß er, dass ich nicht zurückkommen werde?

SPRUNG OHNE WIEDERKEHR

Ich wusste es doch selbst nicht. Ich war nach Berlin geflogen,
um einen Onkologen zu konsultieren, mehr nicht.
– Sie sind jung, sagt er zu mir, kein Grund zur Sorge. Wie viele
Frauen Ihres Alters haben Sie Fibroadenome in den Brüsten,
gleichmäßig konturierte Geschwülste mit einem Durch-
messer von zwei bis drei Zentimetern. Sie sind rund, unter
der Haut verschieblich und fühlen sich fest an. Hier, tasten
Sie mal selbst.
– Ich ...
Er lächelt.
– Das ist Ihnen unangenehm ...
– Das sind also ...
– Fibroadenome ... Nichts anderes. Völlig harmlos.
Ich lache.
Unbeschwert, lächelnd, froh verlasse ich seine Praxis.
Ich gehe nach Hause zurück, zu meinen Eltern. Wir trinken
Tee auf der Terrasse hinter dem Haus, der Rasen ist grün,
der Kirschbaum trägt stolz seine Früchte, die Dahlien sind
in voller Blüte. Ein schöner Tag.
Ich schwelge in diesem wohligen Gefühl.
Wäre eine gute Mutter nicht umgehend zu ihren Kindern
zurückgekehrt?
Während ich in dieser Nacht in meinem Jungmädchen-
zimmer schlafe
die bewegten Birkenzweige vor meinem Fenster mich
streicheln
die Straßenlaterne mich wie früher in sanftes Licht hüllt.
Am Morgen gehe ich die Treppe hinab, halte mich mit
der rechten Hand schön am Geländer fest, springe mit

geschlossenen Füßen über die letzten vier Stufen hinweg, wie vor dem Krieg, vor der Ehe, vor den Kindern.

Und da beschließe ich, mich scheiden zu lassen.

Die Kinder?

Auf einmal habe ich meine Söhne vor Augen, sehe wieder Martins Blick am Flughafen.

Es kommt mir nicht in den Sinn, dass man mich von meinen Kindern trennen könnte.

DAS GESETZ

Theo rät mir, einen Anwalt aufzusuchen.

– Es wird einige Monate dauern, erklärt mir dieser, aber Sie
werden das Sorgerecht für Ihre Kinder erhalten. Sie brauchen
keine Angst zu haben, nur Geduld. Die Scheidung wird hier
vollzogen, in Berlin.

Da irrt er sich.

Noch im selben Jahr, 1954, schließen Frankreich und
Deutschland ein Abkommen, demzufolge ein Franzose und
eine Deutsche dort geschieden werden, wo die Kinder ihren
Hauptwohnsitz haben.

Also in Tunis.

Endloser Wechsel von Briefen und Dokumenten.

Palaver.

Wochen vergehen, Monate.

Ich denke an meine Kinder, was ihnen das Leben nicht
leichter macht.

Ich schreibe – ob man ihnen die Briefe gibt? –, schicke ihnen
kleine Geschenke, Fotos, aber es fällt mir schwer, täglich
oder zumindest wöchentlich mit zwei Kindern in Verbindung
zu bleiben, die noch zu jung sind, um allein, ohne jede Unterstützung regelmäßig zu korrespondieren.

Ich rede nicht mit ihnen. In der Rue de Bretagne 43, wo sie
inzwischen wohnen, gibt es kein Telefon.

Ich kenne ihre Freunde nicht, ihre Lehrer, ich weiß nicht,
was man ihnen beibringt.

Ob Michel, der Kleine, jetzt lesen lernt?

Sind sie fröhlich oder traurig? Ich habe keine Ahnung.

Ach! Hätte es damals doch E-Mail gegeben! Skype!

In diesem Jahr gewöhne ich mich an meine Situation als
Mutter fernab ihrer Kinder
als Mutter, die ihre Kinder im Stich gelassen hat, ohne zu
wissen, wann sie diese wiedersehen wird.
– Geduld, sagt der Anwalt.
Die Geduld ist ein grauer Umschlag, in dem ich die wenigen
Fotos aufbewahre, die ich von ihnen habe.
Wir sehen uns nicht, hören uns nicht, berühren uns nicht.
Wir sind nicht beisammen.
Ich bin die amputierte Mutter.
Was tun, damit das Gute, das der Alltag in Wirklichkeit noch
birgt, nicht erlischt?
Ich fülle die Tage mit geistiger und körperlicher Arbeit.
Ich tändele herum.
Ein Mann lenkt mich ab.
Ich mache mir deswegen Vorwürfe.

***

*Woher kommt es, dass der Mann, der vor wenigen Monaten
seinen einzigen Sohn verloren hat und dem der Prozess
und die Streitigkeiten zugesetzt haben, heute morgen so
aufgeregt war, dass er nicht mehr daran denkt? Wundert
euch nicht darüber: Er ist völlig damit beschäftigt, zu
beobachten, wo das Wildschwein entlanglaufen wird, das
die Hunde schon sechs Stunden lang in hitzigem Jagdeifer
verfolgen. Mehr braucht es nicht. So sehr der Mensch
auch in Trauer sein mag: Wenn man ihn dafür gewinnen
kann, sich an irgendeiner Zerstreuung zu beteiligen, dann
wird er während dieser Zeitspanne glücklich sein. Und so
glücklich einer auch sein mag: Wenn er sich nicht zerstreut
und nicht durch irgendeine Leidenschaft oder irgendein*

Amusement beschäftigt ist, die verhindern, dass sich Langeweile breit macht, dann wird er alsbald voller Ärger und unglücklich sein. Ohne Zerstreuung keine Freude. Mit Zerstreuung keine Traurigkeit. **Blaise Pascal**[7]

---

7   *Das Herz hat seine Gründe, die der Verstand nicht kennt: Schöne Gedanken.*
    Übersetzt von Bruno Kern. Wiesbaden 2012. [A. d. Ü.]

DROHUNGEN

Später wird man mir erzählen, dass die korsische Großmutter Martin, den Großen – den sie so innig liebte – mit beiden Händen über die Brüstung des kleinen Balkons ihrer Wohnung im dritten Stock der Rue de Bretagne 43 gehalten und damit gedroht hatte, ihn fallen zu lassen, wenn er sich nicht beruhigte. Ob das stimmt? Vor Kurzem – inzwischen ist er siebenundsechzig – habe ich ihn danach gefragt. Er könne sich nicht erinnern, antwortete er. Mit einem Lächeln.
Froh, die Einzelheiten einer unglücklichen Kindheit vergraben zu haben.
Man sagt mir, er sei ein schwieriges Kind geworden, zu jedem Unfug bereit, Schuld sei seine unstete Mutter, die ihn zurückgelassen hat, er stehle Geld aus dem Portemonnaie der Großmutter, nasche die versteckte Schokolade, lege Kakerlaken in die Betten und in den Vorratsschrank, wasche seine Ohren nicht und beiße die »dreckige alte« Oma, sobald sie darauf beharrt.
Ich male mir aus, wie mein Sohn sich verteidigt, weil seine Mutter nicht da ist, um es zu tun. Ich höre ihn schreien:
– Nein, du wirst mir nicht die Nägel schneiden, weder an den Fingern noch an den Zehen, niemals werde ich den Pulli tragen, den du für mich strickst, du sollst mich nicht anfassen, ich hasse dich, du bist scheußlich und gemein … Sobald meine Mutter zurückkommt …
– Sie kommt nicht zurück!
– Lügnerin, du dreckige Lügnerin!
Das Kind rastet aus, das schwierige Kind wird noch schwieriger, man schlägt den Jungen, gibt ihm, der Früchte liebt, keine mehr, man droht ihm an, ihn vom Balkon zu werfen,

78

die Polizei zu rufen, ihn ins Gefängnis zu stecken, man sagt
ihm, seine Mutter liebe ihn nicht mehr, sie komme niemals
zurück, er habe keine Mutter mehr.
Er hört die Drohungen, die finsteren Vorhersagen.
Da ist niemand, der ihn tröstet.
Er kann sich nirgendwo verstecken.
Er kann nicht fliehen.
Er weiß nicht, wo seine Mutter ist.
Er hält den Mund.
Der andere
der Kleine
der nicht schwierig ist
hört zu
lernt immer wieder aufs Neue
dass man
den Mund halten muss
um zu überleben.

MANCHMAL, ABENDS,
REDEN SIE VIELLEICHT MITEINANDER

– Schläfst du, Martin?
– Nein.
– Glaubst du, was sie sagen?
– Nein.
– Glaubst du, sie kommt zurück?
– Weiß nicht.
– Du glaubst ihnen also doch?
– Nein.
– Sie war nett.
– Ja.
– Sie lachte.
– Immer.
– Nicht immer.
– Meistens.
– Morgen, vielleicht?
– Was?
– Kommt sie zurück?
– Weiß nicht.
– Bist du ihr böse?
– Nein. Du?
– Nein. Meinst du, sie ist böse auf uns?
– Das hätte sie uns gesagt.
– Stimmt.

1955

Es ist Sommer
dreimal Hurra!
Die Mutter kommt zurück, um mit ihren Kindern
drei glückliche Wochen in Tunis zu verleben
im Haus, das eine Frau mir öffnet
eine Zufallsfreundin
die ein Foto von den beiden Jungen und mir macht
dreimal das gleiche Lächeln auf der großen Avenue
wo Blumen verkauft werden
die ich früher so gern haben wollte und die ich nicht mehr
brauche.
Endlich erleben meine Söhne ihre Mutter glücklich und
entspannt
in der Sonne
an den strahlend weißen Stränden
im gastlichen Wasser des Mittelmeers
das dennoch ein weiteres Mal überquert werden muss.
– Gehst du schon wieder weg, Mama?
– An Weihnachten komme ich zurück, sagt sie.

***

Im Dezember 1955 steht die Unabhängigkeit Tunesiens
unmittelbar bevor.
Bourguiba-Bourguiba singt man auf der Prachtavenue,
die seinen Namen tragen wird.
Die Begeisterung ist groß.

***

Die Kinder lachen über mich und über meinen Koffer, an
dem ich einen Weihnachtsbaum befestigt habe.
Michel nimmt das Zimmer in Augenschein.
– Wo tun wir den hin?, fragt er.
– Vor den Schrankspiegel, antwortet Martin, dann sehen
wir ihn doppelt!
Und so wird in einem Hotelzimmer Weihnachten gefeiert,
dazu gibt es mit Ei und Petersilie gefüllte Briks, Merguez,
Früchte und deutsche Plätzchen. Diese Mutter ist gut,
die singt:

Stille Nacht! Heilige Nacht!
Alles schläft, einsam wacht
Nur das traute hochheilige Paar
Holder Knabe im lockigen Haar

Sie erfindet Spiele, nimmt ihre Söhne in die Medina mit,
um sich dort mit ihnen zu verlaufen, rennt spätabends
auf die Straße, um einen Krapfenhändler zu finden, der
noch geöffnet hat.
Bourguiba, Bourguiba. Der Gesang wird immer lauter.
– Nimm sie mit, sagt der Vater, den die eigene Zwangsverset-
zung ratlos macht – als französischer Beamter wird er nach
Frankreich zurückgeführt. Nimm sie mit nach Berlin.
Ich danke ihm nicht.
Ich hinterfrage nichts.
Ich denke nicht an die Gesetze und Verträge,
kurzum: Ich mache mir keine Sorgen.
Ich nehme sie mit, meine Söhne
nehme sie freudig mit
überzeugt, dass ich es irgendwie schaffen werde.

ES IRGENDWIE SCHAFFEN

Das heißt, das Unmögliche möglich machen
für die Kinder sorgen
und dabei studieren
den Lebensunterhalt verdienen
ihnen ein Dach geben
sie ernähren
mit ihnen lachen
manchmal weinen
sie anziehen
sie zur Schule bringen
zum Arzt
zur Zahnärztin
später
woanders
ihre Ausbildung bezahlen
ganz
oder zum Teil
für alle ihre Bedürfnisse aufkommen
weil ihr Vater es nicht tut
Oh!
Manchmal ist die Mutter
müde
erschöpft
verschuldet
aber sie kommt
jeden Tag
wieder zurecht
es geht ja nicht anders

BERLIN

In Berlin verlernen meine Kinder die Angst. Es gibt keine
Schreie mehr, keine Schläge, Drohungen oder Strafen.
Die Großeltern sind geduldig. Ich bin es auch.
Oh, der Großvater knurrt, wenn die kleinen Franzosen, für
die er französisches Brot gekauft hat, das Stück nicht ganz
aufessen, mit dem sie die Soße vom Teller auftunken wollten.
Das ist aber nicht schlimm. Erst redet man, dann lacht man
darüber. Er ist auch nicht besonders froh, wenn seine Enkel
die noch unreifen Birnen, die er mit so viel Sorgfalt zieht,
vom Spalier pflücken, anstatt sich mit den zuckersüßen
Früchten des Pflaumenbaums zu begnügen. Dennoch hält
der alte Mann in einer Schublade seines Schreibtisches
immer etwas Schokolade für sie bereit. Und man darf ihn
stören, wenn man eine Frage hat. Man braucht nur an
die Tür zu klopfen, das *Ja?* abzuwarten
und schon verstummt die Schreibmaschine.
Eine geheimnisvolle Tätigkeit, dieses Schreiben, das er
ihnen nicht erklärt, das sie aber beeindruckt.
Eine Frage, eine Antwort, ein Stück Schokolade.
Ein Küsschen?
– Weißt du, Mama, die Deutschen geben sich nicht ständig
Küsschen, sagt Michel.
– Sie geben sich die Hand, erläutert Martin.
Sie gewöhnen sich daran, meine beiden *pieds-noirs*.
Ich schreibe sie an der französischen Schule ein.
Mit ihren zehn und acht Jahren sind sie jeden Tag allein
unterwegs, in der U-Bahn.
Ob ich von ihnen zu viel verlange?

Ich stelle sie mir vor, stark und fröhlich, wie sie über all diese ernsten Fahrgäste lachen, die sie zum Stillhalten ermahnen. *Ach, die Franzosen, da sieht man's wieder, Disziplin ist ihnen fremd.*

Ich setze mein Studium fort, arbeite als Dolmetscherin, Übersetzerin, Lehrerin. Martha, meine gute Mutter, ist für die Kinder da, wenn ich es nicht bin.

In der Schule ist Michel gelehrig, *schön artig*, heißt es. *Martin gibt den Klassenkasper*, schreibt der Schulleiter im März.

Unterredung zwischen dem Schulleiter – einem nervösen Mann, der unablässig an seinen Fingernägeln kaut –, dem Großvater und der Mutter, während das Kind allein im Flur darauf wartet, dass über sein Los entschieden wird.

– Ein nervöses Kind, sagt der Schulleiter.

– Ein intelligentes Kind, sagt der einstige Professor.

– Ein schwieriges Kind, räumt die Mutter ein.

– Ich mache keine Dummheiten mehr, verspricht das Kind.

Drei Monate, zwölf Wochen ...

Schließlich erlaubt man mir, beide Söhne für das kommende Jahr einzuschreiben.

Aber was sollen sie während der langen Sommerferien machen?

Die vier Wochen in einem vom französischen Generalkonsulat empfohlenen Ferienlager sind schnell vergangen.

Kurz nach der Rückkehr beider Bengel klingelt ein junger Mann an der Tür.

– Das ist Stéphane, der Jugendleiter, ruft Martin und lässt ihn eintreten.

Warum sieht Michel so besorgt aus?

Der junge Mann ist gekommen, um sie anzuklagen.

- Ihre Söhne haben das Zelt beschädigt, sagt er. Wir mussten es am Ende wegschmeißen.
- Wie ...
- Na ja, sagt Michel, es regnete so viel, und wir wollten nur herausfinden, was passieren würde, wenn wir mit unseren schönen Schweizermessern ein Löchlein in das Tuch schneiden, dort, wo sich das Regenwasser ansammelte. Das war vielleicht ein Spektakel!
- Wir konnten doch nicht ahnen, dass es zu dieser Überschwemmung mit triefnassen Schlafsäcken kommen würde, fügt Martin hinzu.

Ich stecke dem Eindringling ein paar Scheine zu, er geht schnell wieder. Meine Eltern werden nichts davon erfahren.

Ich habe die Eskapaden meiner Söhne ein bisschen satt.

Ich schicke sie in ihre Dachkammer zurück. Ob eine gute Mutter sie bestraft hätte?

Ein paar Minuten später gehe ich selbst hinauf, um ihnen zu sagen, dass die Vorstellung im Grunde ziemlich komisch ist, meine beiden kleinen Nordafrikaner im Sommerregen der Normandie ...

Oben sehe ich von meinem großen Sohn nur die Hände, an den Fenstersims geklammert:

Martin hängt über der Terrasse, die aus Stein ist!

Michel sieht mich wortlos an, als wollte er sagen: Tu doch was, Mama.

Ich haste nach unten zu Theo, erkläre ihm, was los ist, kippe den Cognac hinunter, den er mir reicht, gehe mit ihm zusammen nach oben.

Martin gehorcht dem Befehl, wieder reinzukommen, den der Großvater mit gestrenger Stimme erteilt.

Ich bin erledigt.

Meine Eltern brauchen weniger Aufruhr.

MIT IHNEN ALLEIN

Ich miete eine Wohnung in der Stadt.

Ich setze mein Studium fort.

Ich unterrichte halbtags Französisch an drei verschiedenen Schulen.

Ich unterrichte gern, auch wenn ich manchmal nicht weiß, in welche Richtung ich gehen muss, wenn ich mich morgens aufmache.

Wir überleben, sage ich mir.

Michel, der artige Junge, ist immer still und fröhlich. Er liest. Er schreibt. Er erfindet Geschichten.

Martin liest ebenfalls. Wenn ihm Bücher fehlen, klaut er sie in einem deutsch-französischen Antiquariat in der Nähe seiner Schule.

Ein diebisches Kind?

Soll man es bestrafen?

– André Gide hat es auch getan, sagt mir Theo.

Ich liebe meinen Vater, der so vieles weiß.

Ich lache. Ich liebe meinen Sohn, der Bücher stiehlt.

Meinen schwierigen Sohn.

Eine gute Mutter hätte verlangt, dass ihr Sohn sich beim Händler entschuldigt, sie wäre davon ausgegangen, dass die Demütigung diesem Jungen eine Lehre sein würde, der meint, er könne sich alles erlauben ...

Aber hatte Gide, der berühmte Gide nicht geschrieben:

[...] *so bewirkt die Demütigung dagegen eine Verstärkung eben dieses Stolzes?* [8]

---

8 *Dostojewski. Aufsätze und Vorträge,* übers. von Erich Plooy, Darmstadt, ohne Jahresangabe. [A. d. Ü.]

Als schlechte Mutter vertraue ich auf die weitere Entwicklung des jugendlichen Lesers.

Ich suche den Buchhändler auf, erstatte ihm den Gegenwert. Der Mann lacht mit mir zusammen:

– Hoffen wir, dass er nie aufhört zu lesen!

Ich unterrichte pausenlos, ich brauche Geld, ich gebe Privatstunden. Meine stets gute Mutter spendiert mir eine Putzfrau.

Am Sonntagmorgen durchqueren wir den Grunewald, verbringen den Tag bei meinen Eltern, kehren mit vollen Bäuchen in die Wohnung zurück, mit Rucksäcken voller Proviant für die nächsten Tage und Wäsche, die in der mütterlichen Waschmaschine gereinigt wurde.

Einmal wöchentlich geht das schwierige Kind zum Psychologen.

– Redselig ist er nicht, aber bemerkenswert höflich, sagt mir der Therapeut.

Denn manchmal gehe auch ich hin.

Am Ende bin ja vielleicht ich die Schwierige.

SCHON WIEDER AUSWANDERN?

1956
Nach dem bestandenen *Staatsexamen* wollte ich eigentlich
in Vollzeit an einem Berliner Gymnasium unterrichten,
mich wie die anderen verbeamten lassen, mit unbefristeter
Anstellung, ordentlichem Gehalt, Sozialversicherung und
bezahltem Urlaub, Rentenanspruch, lebenslanger Sicherheit.
Nase voll von diesen Ministellen, hier drei Stunden und dort
drei Stunden an diversen Privatschulen!
Schluss mit der Angst, sich nicht einmal ein Paar Schuhe,
eine Bluse, vielleicht sogar einen Rock leisten zu können ...
Denkste! Man eröffnet mir, dass ich die deutsche Staatsbürgerschaft verloren habe, als ich die französische annahm,
um in Tunesien unterrichten zu können, und sie wieder be-
antragen muss, um in Deutschland an einer staatlichen
Schule zu lehren.
– Nach fünf Jahren Aufenthalt sind Sie so weit!
Fünf Jahre?
Geduld war noch nie meine Stärke.
Ich schäume vor Wut.
Nun bin ich endlich geschieden, die Frage des Sorgerechts
ist aber noch ungeklärt, für die Kinder erhalte ich keinerlei Unterhalt und weiß nicht mehr, was ich tun soll. Ich brauche einen Job, einen dauerhaften Job!
Ein kanadischer Freund erzählt mir vom schönen franzö-
sischsprachigen Quebec, von den Städten, Seen, Wäldern,
den beiden Ozeanen und deren Küsten ...

Eva schickt mir eine Anzeige der *Protestant School Board of Greater Montreal*, die Französischlehrer sucht ...[9] Erklärt, dass man mich mit meinem britischen Pass in Montreal mit offenen Armen empfangen würde ...

Dämlich, wie ich bin, gebe ich dem Vater Bescheid, lade ihn ein, damit er von den Kindern Abschied nehmen kann.

Die Antwort?

– Schick sie für ein paar Wochen zu mir.

Als schlechte Mutter lasse ich mich nur zu gern darauf ein, so wäre ich frei, müsste weniger Mahlzeiten zubereiten, weniger Haushaltsarbeit erledigen ... Könnte bei meinem Freund übernachten oder ihn in meinem Bett schlafen lassen ... Die Vorstellung dieser zeitweiligen Freiheit betört mich. Vier Wochen! So hätte ich Zeit, unseren Umzug nach Kanada vorzubereiten.

– Gute Reise, wünsche ich ihnen und hänge ihnen die Fahr-scheine, Pässe etc. um. Ich habe mit dem Schaffner ge-sprochen, er wird nach euch sehen. Ihr habt eure Butterbrote, Äpfel, Schokolade, Limonade. Esst nicht alles auf einmal, die Reise ist lang. Viel Spaß ...

Mir kommt gar nicht in den Sinn, dass man mich von meinen Kindern trennen könnte.

– Ich behalte sie, schreibt mir deren Vater, sobald die Jungen bei ihm angekommen sind. Sie kehren nicht nach Deutsch-land zurück.

Tränen.

Verzweiflung.

Wut.

---

9 Damals durfte diese Behörde keine katholischen Lehrkräfte einstellen. Weil es vor Ort nicht viele evangelische (oder jüdische) Lehrer gab, die Französisch unterrichten konnten, wurden sie im Ausland rekrutiert.

Wie konnte ich nur so naiv sein?

Theo und ich reisen nach Arras, um über die Rückkehr meiner Söhne nach Berlin zu verhandeln. Ein Schreiben des Psychologen bescheinigt Martin, dass er als seelisch verstörtes Kind nicht von seiner Mutter getrennt werden darf. Zwei Tage lang wird diskutiert, dann:

- In Ordnung, lenkt Jean ein, der offenbar keine Lust hat, sich um dieses schwierige Kind zu kümmern, nehmt ihn mit, aber der andere bleibt hier. Er mag das Fahrrad, das ich ihm gerade gekauft habe ...
- Mir ist so ein Fahrrad egal, sagt Martin, der plötzlich wieder den Mund aufmacht, soll er doch hier bleiben, der kleine Mistkerl, wenn er das will, wegen einem Rad, er wird es bestimmt bereuen, wartet's nur ab.

Michel lächelt. Ein bisschen dümmlich vielleicht.

Was würde man in seinem Alter nicht alles tun, für ein funkelnagelneues Fahrrad?[10]

Der Vater meines Sohnes ist nach wie vor bei der französischen Polizei. Ich traue mich nicht, den Kampf ohne den Beistand meines Berliner Anwalts wieder aufzunehmen.

- Geduld, wird dieser mir sagen.

Leider
bleibt mein einfaches
mein nicht rebellisches Kind
dessen Wohnsitz nun Arras ist
in Frankreich
eine Weile
eine lange Weile
von mir getrennt.

---

[10] Michel radelt bis heute. Kaum war er im Ruhestand, hat er Kanada mit dem Fahrrad durchquert.

KANADA MUSS WARTEN

Die Reise wird nicht dieses Jahr stattfinden.
Man muss versuchen, Martin glücklich zu machen.
Zum ersten Mal ist er ohne seinen Bruder, diesen Bruder,
der ihn bewunderte, der ihm folgte, der sein wahrer
Kumpel war.
Jetzt ist er allein
mit mir
die nervös ist
am Ende ihrer Kräfte
immer in Eile
beschäftigt mit
ihrem Unterricht
ihrem Studium
dem Geldverdienen
der ständigen Neuausrichtung
unseres gemeinsamen Lebens.
Ich sehe nicht, wie er an der französischen Schule weitermachen kann, wo die Lehrer Michel mochten und seinen
Bruder fürchteten, den Klassenkasper.
Ich will ihn unbedingt in meiner Nähe haben. Ich habe
Angst, dass man ihn mir raubt.
Ich unterrichte Französisch an einer Waldorfschule, deren
Pädagogik auf Liebe, Vertrauen und Begeisterung gründet,
all dem, was ich meinem Sohn mitgeben möchte.
Ich schreibe Martin ein.
Er wird Deutsch lernen.
Der Unterricht für die Kinder seines Alters – zehn – endet
gegen 13 Uhr, er wird bei meinen Eltern zu Mittag essen,

die ganz in der Nähe wohnen, und bei ihnen bleiben,
bis ich ihn abhole.
Wir sind gerettet.

UNTER DEM BLICK DES SOHNES

Martin sitzt in der letzten Reihe und wird unruhig, er sieht mich an, bringt seine Kommentare ein, ohne ein Wort zu sagen: *Mama! Was fällt dir ein? Du hattest uns doch aufgegeben, sechs Seiten zu lesen und uns den Wortschatz gut einzuprägen! Du hattest einen Test angekündigt, Mama!*
Ich lächle ihm verstohlen zu.
Er fordert mich heraus.
Und jetzt lesen deine Schüler vor! Mama! Immer änderst du deine Pläne!
Ich lächle ihn an, in der Gewissheit, dass er meine Antwort verstehen wird:
Auch ich
brauche meine Flausen
mein Sohn
und so fällt der ungeliebte Test aus.

∗ ∗ ∗

Am Mittwochabend treffen wir uns im Wartezimmer unseres Psychologen wieder.

MEINE LIEBEN GEWOHNHEITEN

Manchmal gebe ich mich der Faulenzerei hin.
Das passiert ohne Vorausplanung.
Man wird überrascht von
Krankheit
Liebe
Schwangerschaft
ich werde manchmal vom Faulenzen überrascht
wenn ich das Geplante nicht mehr umsetzen will
wenn Martin beschäftigt
zufrieden
in Sicherheit
eingeschlafen
die Arbeit vollbracht ist
oder fast
ich nehme ein Buch, einen Roman, vielleicht eine Strickarbeit
ich brauche einen bequemen Sitz
den rosa Sessel am Fenster
Mut zur Faulheit, empfiehlt Roland Barthes.
Wenn ich arbeite, lese, mich kundig mache
wenn ich schreibe
verschwende ich keinen Gedanken daran, ob es für meinen
Körper bequem ist.
Wenn ich im Sessel sitze, der
zu meinem Schreibtisch gehört
und später zu meinem Computer
vergesse ich meinen Körper.
Eine schlechte Gewohnheit? Was soll's.
Ich arbeite für mein Leben gern
ob in bequemer Position oder nicht.

Das Faulenzen verlangt aber nach Komfort, wenigstens in meinem Fall.

SCHLAF

Wenn ich wirklich
nicht mehr kann
wenn es spät wird
die Worte, die Sätze
meine Beine und Arme
schwer werden
wenn mir die Augen zufallen
gibt es nur eine Lösung:
ich lege mich ins Bett.
Die schlechte Mutter
löst sich
schlummert ein wie ein Baby
schläft wie ein Siebenschläfer
oder eher wie ein Murmeltier
den Schlaf des Gerechten.

SEXUALITÄT

Dass ich
als Junggesellin lebe
als ledige Mutter
heißt nicht, dass Sex für mich nicht existiert.
Ohne Sexualität keine Geschichte, schreibt Kierkegaard.
Kein Leben, denke ich, da mir der Philosoph diese schöne
Ausrede liefert.
Ich sorge mich nur darum, dass mein Sohn unbehelligt bleibt.
Die Liebe
das Verlangen
die Lust
des flüchtigen
oder längeren Moments
die Liebe mit allem Drum und Dran
Vorspiel
und Nachspiel
findet statt, wenn Martin in der Schule ist und ich nicht.
Ganz einfach.
Da ist der Mann vom Theater, für den dieser Zeitpunkt
ideal ist
der Jurist, der frei über seinen Zeitplan verfügt
der Student, der immer Zeit hat
der Psychologe, der kaum Zeit hat
der kanadische Freund
verheiratet und Vater von sechs Kindern ...
Vom Studenten abgesehen, sind sie alle verheiratet
diese Männer, mit denen ich Umgang pflege.
Von Hochzeit ist nie die Rede
mich schreckt allein der Gedanke daran.

Einmal werde ich schwanger, lasse die Abtreibung vor-
nehmen, während Martin in der Schule ist.
Schlechte Mutter ...
Genug jetzt, reden wir nicht mehr davon.

KATASTROPHE

Wer hatte die Idee zu diesem Welpen namens Erementia?
Wo hatten wir das Tierchen mit den langen dürren Beinen
aufgetrieben?

Ich habe alles vergessen und möchte nicht bei Martin
nachfragen, der selbst heute, in seinem fortgeschrittenen
Alter, noch seine geballte Wut an mir auslassen könnte.
Seine Verzweiflung.

Nein, ich war nicht im Bett mit einem Mann, als der Tier-
arzt den kranken Hund erlöste, als mein Vater wie ein
Berserker tobte, sobald er hörte, dass man den Hund im
Garten begraben hatte; ich war in irgendeiner Schule.

Der Unfall hatte sich am Abend ereignet. Erementia war
seit einer Woche bei uns. Martin hielt sie im Arm, da
riss sie sich los und sprang auf den Boden.

Ein gebrochener Vorderlauf. Ein provisorischer Verband
aus Spateln und Stoffstreifen. Am nächsten Tag Fieber,
Durchfall, Erbrechen.

Ich bringe Martin und seinen Hund im Taxi zu meiner
Mutter, die einen Tierarzt ausfindig macht, und muss dann
ohne Wenn und Aber zur Arbeit.

– Es sind nur zwei Stationen, sagt sie zu Martin, ihr steigt
aus – du wirst sie tragen müssen –, geht aus dem Bahnhof
raus ...

– Kommst du nicht mit?

– Ich kann nicht, mein Großer. Heute Morgen fühle ich mich
nicht so gut, mein rechtes Bein, weißt du ... außerdem
koche ich gerade Marmelade ... ihr geht also raus und dann
rechts, da siehst du schon die Klinik. Ich habe angerufen,
sie nehmen Erementia sofort dran ... Wahrscheinlich wird

man sie für den Tag dortbehalten. Heute Abend holen wir
sie ab. Mit deiner Mutter zusammen.

Martin sieht den Arzt an, der ihm erklärt, das noch unge-
impfte Tier leide an einer schlimmen Krankheit, der Parvo-
virose. Man müsse es einschläfern. Auf der Stelle. Jetzt.

– Wann wird sie wieder wach?

Scheiße, wird der Tierarzt gedacht haben, was ist das nur
für eine Familie, die diesen kleinen Jungen ganz allein
mit seinem krepierenden Hund zu mir schickt? Sind die
blöd? Oder leichtfertig?

– Sie wird dann nicht mehr wach. Sie wird an dieser Krankheit
  sterben. Die Spritze, die ich ihr gleich gebe, wird ihr helfen ...

– Zu sterben?

– Ja. Meine Assistentin wird dir eine Decke geben, du wickelst
  sie darin ein und bringst sie nach Hause, als würde sie
  schlafen.

Ich stelle mir Martin in der U-Bahn vor, den reglosen Hund
unter der Decke, das Gesicht meines Sohnes.

– Wir beerdigen sie im Garten, sagt meine Mutter, dort drüben,
  ganz hinten, und dann machst du ihr ein hübsches Grab,
  mit Blumen, Stiefmütterchen vielleicht ...

Nach der Zeremonie nehmen sie auf der Terrasse ihren
Lunch ein.

Da kommt der Großvater.

– Ist Martin krank?, fragt er, oder schwänzt er die Schule?

Und wo ist denn seine kleine Freundin mit dem seltsamen,
aber hübschen Namen?

Martin bricht in Tränen aus, möchte Theo das Grab zeigen,
der als echter Patriarch vor Zorn platzt:

– In meinem Garten? Unter dem Pflaumenbaum? Und davon
  sollen sich die Pflaumen nähren? Die wir hinterher essen?

Scheiße, ihr seid doch nicht ganz bei Trost! Das darf man

nicht! Hört ihr? Es ist untersagt, Tiere im Garten zu begraben, wusstet ihr das nicht? Es ist illegal. *Verboten!* Wenn euch nur kein Nachbar gesehen hat!

Martha versucht, ihn zu beruhigen. Martin weint.

– Und du heulst? Wir müssen wieder von vorn anfangen! Sofort. Du wirst deine Erementia ausgraben und sie woanders beerdigen, hör auf zu schniefen, das hilft uns nicht weiter, deine Mutter hätte dir diesen Hund niemals kaufen dürfen, sie, die immer alles bei uns ablädt, wenn's nicht mehr läuft ... *Verdammt noch mal!* Das fehlte mir noch, die Polizei in meinem Garten ...

Kaum ist der Hund ausgegraben, machen sich Martha mit einer Schaufel unter dem Arm und Martin mit Erementia in einem Korb, schön in ihrer Decke eingemummt, auf den Weg in den Grunewald. Auf der Suche nach einer Stelle mit viel Moos, um daraus ein samtweiches Bett für das arme Tier zu bereiten.

Oh! Das habe ich meinem Vater furchtbar übelgenommen!

KANADA?

Martha ermuntert mich zum Aufbruch:
– Ich komme euch beide besuchen, dich, Eva, und auch eure
Söhne ...
Im Ernst? Sie leidet an einer Krankheit, die sie schleichend
lähmt ... Ich sollte sie nicht verlassen. Das weiß ich. Aber die
Versuchung ist da.
Ghana, Estland, Japan, Italien, England, Deutschland,
Österreich, Australien, Tunesien, die USA, Kanada ...
Meine Familie besteht aus Leuten, die überall gelebt haben,
Reisenden ohne Furcht vor der Fremde ...
Kanada ...
Der Freund erzählt mir von seiner Hütte am Ufer eines
großen Sees
von Feuern, um die man sich abends versammelt und
plauscht ...
Die *School Board* bietet mir einen Vertrag an ...
Aber wie soll ich den Kontinent verlassen, auf dem Michel
lebt?
Macht es einen Unterschied, ob ich ihm von Berlin aus
schreibe oder von Montreal?
Ich rufe mich zur Vernunft.
Es geht nicht um die Korrespondenz.
Es geht um die Distanz.
Um sofortige Hilfe im Notfall.
Um das Wohlergehen meines Kindes.
Es ist mehr als ein Jahr her, dass wir uns gesehen haben
es ist mehr als ein Jahr her, dass wir uns gesprochen haben
bei seinem Vater gibt es kein Telefon.

Wenn ich beim Anwalt nach dem aktuellen Stand frage,
hält er mich zur Geduld an.
Ich sollte den Zug nehmen
nach dem Rechten sehen.
Ich habe kein Geld.
Diese Ausrede ist hohl.
Hätte ich meine Eltern darum gebeten, hätten sie es mir
gegeben, dieses verdammte Geld.
Als schlechte Mutter habe ich meinen Sohn Michel nicht
besucht. Ich habe mich weiterhin durchgeschlagen und
bin dann aufgebrochen.

GANDER, MAI 1958

Ich weiß nicht mehr, warum wir in Gander zwischen-
gelandet sind.

Ich weiß aber noch, wie Martin in der Wartehalle herum-
ging, die Coca-Cola-Flaschen prüfte, die andere halb
voll auf den Tischen stehengelassen hatten, und sie munter
austrank. Ich ließ ihn machen. Lächelnd sah ich zu, wie
mein Sohn sich an einem Getränk labte, das ich ihm in der
Regel nicht selbst kaufte. Offenbar hatte ich keine Angst
vor Bazillen.

– Muss ein reiches Land sein, dieses Kanada, sagte er zu mir.
Ein reiches Land, weil man dort nicht austrinkt, was man
gekauft hat? Mir zufolge durfte man nie etwas übriglassen,
weder auf dem Teller noch im Glas.

Ein reiches Land, wo Coca-Cola in Strömen fließt?

Eine günstige Ankunft jedenfalls, ein positiver erster Eindruck.

MONTREAL

Was mich angeht, hatte ich auch keinen Grund zur Klage, *cela n'a pas été pire*, wie man in Quebec sagt. Der kanadische Freund hat mich am Abend unserer Ankunft in Montreal bei Eva abgeholt und auf den Berg geführt, an die Stelle, die diese herrliche Panorama-Aussicht bietet. Wir sind ein paar Meter gegangen, dann haben wir uns hinter irgendeiner Baumgruppe leidenschaftlich geliebt.
Ich habe nichts erbeten
er hat mir nichts versprochen
doch an diesem Abend unter dem Sternenhimmel, einfach so, in der freien Natur, hoch oben über der Stadt, die von Millionen beleuchteter Fenster erhellt wurde, haben wir magische Momente erlebt, die mir jedenfalls unvergesslich bleiben.

MITTELLOSE EINWANDERER

Wir waren im Mai angekommen.
Die Reise hatte die *Protestant School Board of Greater Montreal* bezahlt, außerdem noch mein Vater, der nicht wusste, dass die Kosten bereits übernommen worden waren.
Dank ihm, dem Ahnungslosen, hatte ich also ein paar Hundert Dollar, genug für eine oder zwei Monatsmieten, zwei Betten, zwei Kissen, Laken, ein Sofa, einen Tisch, ein paar Stühle, etwas Geschirr, ein paar Kochtöpfe und bescheidene Vorräte, bis ich im September meinen ersten regulären Scheck[11] erhalten sollte.
Oh! Wie ich es hasse, über Geld zu reden.
Mein ganzes Leben
oder fast
bin ich den Summen nachgerannt, die ich brauchte, um meine Kinder zu ernähren, ohne von irgendwem Unterhalt zu erhalten, bin ich den Diplomen nachgerannt, die ein anständiges Einkommen verhießen.
Im Juni 1958 heuere ich in Montreal als Verkäuferin in einem Plattenladen an der Rue Sherbrooke an.
– Sie sind deutscher Abstammung, Madame? Dann kennen Sie sich bestimmt mit klassischer Musik aus. Wie beim tunesischen Gymnasium!
– Wir zahlen 35 $ die Woche.
Im August erhalte ich Kost und Logis als Leiterin des Theaterkurses in einem Ferienlager für junge Mädchen. Ich schlafe gern im Zelt, ich bin gern im Freien.

---

11   Ein Jahresgehalt von 4800 $, monatlich also 400 $ brutto.

Ich atme durch.
Im Gegensatz zu mir macht Martin, der währenddessen
in ein Ferienlager der Plume rouge verfrachtet wurde,
sehr schlechte Erfahrungen.
Er erzählt, erklärt mir nichts, um mich nicht zu beunruhigen.

DER PAKT

Soweit ich weiß
hat es keinen Pakt gegeben,
vielleicht eine stillschweigende Vereinbarung
zwischen meinen beiden Söhnen
und später meiner Tochter:
Besser, wir sagen nichts,
wir müssen Mama beschützen.
Also
haben mich meine drei Musketiere
für die ich, in gewisser Hinsicht, meine Bücher schreibe
von jeher
und bis heute
und ohne mir ein Wort zu sagen
– keine Ahnung, warum –
für eine jämmerliche Gestalt gehalten
die man beschützen muss
vor jedem Unglück
jeder Unannehmlichkeit
und jeder Kränkung
während ich glaubte
für ihr Wohlergehen verantwortlich zu sein.
Es ist schön, sich geliebt zu wissen.

VERBLÜFFENDE GEPFLOGENHEITEN UND GESETZE

Martin hatte französischsprachige, laizistische Schulen in öffentlicher Trägerschaft besucht, also kostenlos. Zunächst in Tunesien, dann in Berlin. Nach seiner Rückkehr aus Arras hatte ich ihn an der Berliner Waldorfschule eingeschrieben, einer laizistischen Privatschule, die ich als Teil des Lehrkörpers nicht zu bezahlen brauchte. In Kanada mache ich die Entdeckung, dass Religion, Bildung und Sprache nicht zu trennen sind ...

Im schönen, modernen Montreal gibt es keine laizistische öffentliche Schule, weder eine französisch- noch eine englischsprachige.

Soll ich, die ich ebenso atheistisch bin wie meine Eltern, meinen französischsprachigen Sohn etwa in eine katholische Schule stecken[12]?

Für mich eine absurde Vorstellung.

Oder in eine protestantische englischsprachige Schule?

Dort unterrichte ich, dort schreibe ich ihn ein, so ist es schließlich am einfachsten.

Ich habe ohnehin nicht genug Geld, um ihn auf eine Privatschule zu schicken, außerdem waren meine Großeltern Protestanten.

✳✳✳

---

12 Erst 1966 beginnt in Quebec eine Bewegung für eine französischsprachige laizistische Schule.

Im September schreibe ich mich an der Universität von Montreal ein, um in französischer Philologie zu promovieren. Auf einmal schwimme ich in einem Meer von Soutanen, weißen Nonnenschleiern und schwarzen Habiten, die von den anderen Studenten getragen werden, darunter nur wenige Frauen.

Das erste Seminar wird von Bruder M. geleitet, der sich zunächst vor uns hinkniet und dann ein langes Gebet spricht. Und was soll man erst zu diesem unvergesslichen Literaturprofessor sagen, einem Herrn, der bestimmt aus Frankreich angereist ist und vor seinem Kurs am Samstagmorgen ein Vaterunser aufsagt, mit atemberaubender, mitreißender Rasanz?

In der Bibliothek sind die indizierten Bücher mit einem roten Sternchen markiert.

Merkwürdige Dinge
die mir nicht im geringsten schaden sollten.

DREI TOLLE STREICHE ...

Streiche spielte er unentwegt.
Mir bleiben nur drei in Erinnerung.
An einem Freitagmorgen, ich bin nicht in der Schule, ich
habe eine Grippe und schlafe noch halb, klingelt das Telefon.
- Madame, Sie haben einen zwölfjährigen Sohn namens
  Martin?
- Ja, Monsieur. Wo ...
- Polizeiwache. Ihr Sohn ...
- Ist er verletzt? Er ...
- Er hat das Geld aus den Flaschen genommen, die die Haus-
  frauen vor die Tür stellen, für den Milchmann ... Wir haben
  ihn zur Wache gebracht, Madame.
  Man gibt mir die Adresse, ich ziehe mich an, flitze hin.
  Martin sitzt im Hauptbüro. Ein bisschen blass. Froh, mich
  zu sehen.
- Ich wusste nicht, dass die Münzen dafür bestimmt waren,
  Milch zu kaufen ...
  Das war's. Es folgten keine weiteren Maßnahmen, ich habe
  ihm erklärt, es gebe eine Art von Vereinbarung zwischen
  dem Milchhändler und den Familienmüttern, er, Martin,
  habe sich geirrt, als er dachte, es handle sich um Geld,
  das niemand wollte ...
  Ich hätte ihn bestrafen
  ihm die Paragraphen aus dem Strafgesetzbuch vorlesen
  die zehn Gebote rezitieren können.
  Ich habe nichts dergleichen getan, ich habe ihm gesagt,
  es sei wirklich sehr unangenehm, von der Polizei geweckt
  zu werden.

* * *

Kurz danach gab es das Feuer.

Es ist Sommer, die Ferien sind lang, Martin und Johnny, der Sohn von Eva, langweilen sich. Eines Nachmittags beschließen sie, auf einer Brache ein Picknick zu machen, ein richtiges kanadisches Picknick mit Hotdogs und Marshmallows zum Grillen, die sich in Evas Küche leicht auftreiben lassen. Und sie brauchen noch was, um ein kleines Feuer zu machen: Streichhölzer, ebenfalls aus der Küche, dann Papierfetzen, die sie in der Brache auflesen, Reisig, kleine Stücke Trockenholz, ein paar größere Stücke. Und schon brennt das Feuer, sie grillen die Hotdogs, verschlingen sie praktisch ohne zu kauen, stecken die Marshmallows auf lange Zweige, das wird ein Fest! Aber da rückt bereits die Polizei an, belehrt sie: Nein, man kann nicht einfach so Feuer machen, auch nicht in Kanada, los, ab ins Auto, ihr könnt von Glück reden, dass wir euch keine Handschellen anlegen, wir bringen euch heim zu euren Eltern.

* * *

Ein Jahr später bringt die Polizei ihn mir vom Parc du Mont-Royal nach Hause – inzwischen wohnen wir in der Stadt –, wo er mit seiner Daisy Red Ryder BB-Gun, die er einem Kumpel abgekauft hatte, Eichhörnchen jagen wollte. Natürlich ohne mir Bescheid zu sagen. Wer hätte seiner Mutter schon Bescheid gesagt, da so viele Mütter gegen den Verkauf solcher Waffen protestierten?[13]

---

13 Zwischen 1950 und 2013 wurden mehr als zehn Millionen von diesen Jugendwaffen verkauft. Heutzutage bietet Canadian Tire sie für 49,99 $ das Stück an.

113

Was für ein Bild: Ich, die ich dank der Nazis keinem Mann in Uniform traute, Mutter eines Kindes, das nie waffenähnliches Spielzeug besessen hatte, flehe Polizisten an, gegen meinen Sohn keine Anklage zu erheben, sondern ihn lieber von dieser Daisy Red Ryder zu befreien, deren Schusskraft ihm nicht bewusst war:

– Ich dachte, das ist nur ein Spielzeug!

Ich habe stets an seine Unschuld geglaubt.

IM STICH GELASSEN

Ich verbringe vierzig Wochenstunden in der Schule, um
englischsprachigen Schülern, von denen die meisten keine
Lust darauf haben, Französisch beizubringen. Das Lehr-
buch, das die *Protestant School Board* ausgibt, regt nieman-
den an.
An der Universität besuche ich Seminare, die den bereits
in Berlin besuchten gleichen.
Während dieser Seminare voller Wiederholungen hätte ich
mir die Zeit nehmen können, Michel zu schreiben, doch
als schlechte Mutter denke ich nicht mal daran.
Der kleine Radfahrer aus Arras
hört nur selten von mir.
Fern von ihm
mache ich mir seinetwegen keine Sorgen
vertraue gedankenlos darauf, dass sein Vater sich so um
ihn kümmert
wie ich mich um Martin kümmere.
Manchmal schicke ich ihm ein Briefchen
das ohne Antwort bleibt
was mir fast normal erscheint.
Der Gedanke, dass der Vater diesen guten Schüler miss-
handeln könnte, der so artig ist, der stets seine Hausauf-
gaben machte und sein Zimmer in Ordnung hielt, kommt
mir nicht in den Sinn.
Wie kann man nur so dumm sein?
Hätte es damals doch nur E-Mail gegeben!
Skype!
Wäre ich nur eine bessere Mutter gewesen
mit einem Bewusstsein für das Gegenwärtige

und das Ferne!
Das Nächstliegende, das Unmittelbare, das Alltägliche
unter dem Haufen meiner vielen kleineren Anliegen
vergaß ich
den kleinen Jungen.
Heute *leere ich den bitteren Kelch meines Schmerzes.* [14]

---

14 Nach Balzac.

ZERSTREUUNGEN

Der kanadische Freund nimmt mich für ein Wochenende
nach New York mit, dann in die Stadt Quebec, aber was sind
schon zwei Wochenenden, wenn das Jahr zweiundfünfzig
zählt?

Ich lerne einen jungen Schriftsteller kennen, der später in
einem Buch ein Loblied auf reife Frauen singen wird. Eva
runzelt die Stirn, als hätte sie selbst nie Affären gehabt, hütet
aber Martin während meiner Eskapaden.

– Heirate doch deinen Geschäftsmann, sagt sie zu mir.

Ich lache, erzähle ihr von den sechs Kindern, von deren Mutter.

– Verstehst du jetzt?

Sollte ich mir einen anderen Mann suchen, einen anderen
Typus, einen Heiratsfähigen?

Gegen Ende des Schuljahrs lerne ich Amedeus kennen, einen
Dänen, auch er Französischlehrer und Einwanderer.

Er ist schön, er gefällt mir, er ähnelt Steve McQueen, dem
David Michelangelos.

Seinem Namen nach ist er von Gott geliebt.

Warum hätte ich ihn nicht lieben sollen?

Nach zwei Wochen Techtelmechtel zieht er bei mir ein.

Martin wundert sich nicht.

Ob er sich über diese männliche Präsenz freut?

Ob er sich vielleicht für mich freut?

So oder so tritt Neues in unser Leben:

Camping.

Angeln.

An einem schönen Sommermorgen irgendwo in den Lauren-
tinischen Bergen bringt Martin mir lachend seine erste Forelle.

Auch heute angelt er noch.

***

Martin lacht jedoch nicht, wenn er im Auto warten muss,
bis der schöne Freund seiner Mutter sich in einer Tank-
stellentoilette frisch gemacht hat, wenn dieser Mann, der
bei uns eingezogen ist, dort immer mehr Platz beansprucht.
Als schlechte Mutter nehme ich das gar nicht wahr.

GROSS IST MEINE HINGABE

Amedeus träumt:
- Ich würde mich gern an der Uni einschreiben, einen Master machen ... besser bezahlt werden ...
- Ich werde dir helfen ...
- Du wirst mir beibringen müssen, wie man Seminararbeiten schreibt ...
- Ich werde sie für dich schreiben.
Kurzum: Amedeus nimmt mich in Beschlag.
- Eine Wohnung näher an der Uni wäre praktisch, sagt er, ohne auch nur eine Sekunde lang zu bedenken, dass Martin so die Nähe zu seinem Cousin und seiner Tante Eva verlieren würde, die er liebt, dass er also schrecklich einsam wäre.
Und ich, die schlechte Mutter, bedenke es genauso wenig.
- Dann wollen wir mal, sage ich, fügsam wie ich es noch nie gewesen bin.
Kaum ist der Mietvertrag unterschrieben, kehre ich auf den Boden der Tatsachen zurück: die Wohnung hat nur ein Schlafzimmer ...
Wie konnte ich übersehen, dass Martin kein Zimmer haben würde? Zwar habe ich ihn gerade als Internatsschüler in einem Gymnasium am anderen Ende der Insel angemeldet, aber deswegen darf ich ihm doch zu Hause kein Zimmer vorenthalten?
Ich muss verrückt gewesen sein.
Dermaßen verliebt, dass ich Martin ebenso vergesse, wie ich Michel vergessen habe.

***

Normalerweise habe ich ein gutes Gedächtnis, aber heute, am 4. Juli 2013 in meinem kleinen Arbeitszimmer in Toronto, komme ich nicht auf den Namen des Montrealer Internats, in dem ich Martin als Wochenschüler untergebracht hatte, weil ich seiner müde und in meinen dänischen Freund verliebt war.

Ich erinnere mich zwar nicht an den Namen dieser Einrichtung, doch sehr wohl an die Sonntagabende: Amedeus, mein Sohn und ich im Auto unterwegs nach Ost-Montreal, wo sich die größten Ölraffinerien Kanadas befinden, wo die Luftverschmutzung im Vergleich zum Rest der Insel und zu ganz Quebec am schlimmsten ist, wo der Himmel so rot glüht wie in Dantes Inferno.

Dorthin brachte ich meinen mehr schlecht als recht geliebten Sohn.

Heute nun
den Namen dieser Einrichtung
stundenlang
im Internet recherchiert
und auch Einzelheiten über seinen mutmaßlichen Tagesablauf
zwar nur fünf Tage die Woche
aber das ändert nichts an meiner Schuld
mindert sie nicht im geringsten.

Irgendwo dort
in Pointe-aux-Trembles
habe ich meinen Sohn genötigt zu leben
fünf Tage die Woche
um ohne ihn zu leben.

Ich erinnere mich an einen anderen Sonntagabend
– da kommen mir schon die Tränen –
was meine Schuld nicht im geringsten mindern wird
weinen ist müßig

Fakten sind Fakten
und bezeichnen im Kern
die schlechte Mutter, die ich gewesen bin.
Aus irgendeinem Grund konnten wir ihn an diesem Abend
nicht selbst nach Pointe-aux-Trembles fahren. Ich ging
mit ihm zur Bushaltestelle hinunter, gab ihm einen Kuss,
ging in die Wohnung zurück.
Unten, auf dem Boulevard de Maisonneuve, schrie jemand
ich wusste, es war Martin
er brüllte
seine ganze Wut hinaus
seinen ganzen Schmerz
seine ganze Einsamkeit.
Ich bin nicht wieder hinuntergegangen.
Und er ist nicht wieder heraufgekommen.
Er kehrte in die Schule zurück, zu der ich ihn verdammt hatte.

***

In der Einrichtung stellt man fest, dass Martin einem amerikanischen, zum Tode verurteilten Verbrecher geschrieben
hat, um ihm seine Bewunderung auszusprechen; der Schulleiter ruft mich an, droht, ihn hinauszuwerfen. Ich ringe nach
Luft und erkläre diesem Mann, wie viel ich arbeite, überrede
ihn schließlich, meinen Sohn bis zum Ende des Schuljahrs
zu behalten.
Martin glaubt, sich seine eigene Meinung bilden zu dürfen
sagt es mir
ich widerspreche ihm nicht.
Amedeus äußert sich nicht dazu.
Ich schreibe Theo, und er antwortet, dieser Junge sei eben
ein Romantiker wie so viele andere.

Ich glaube nicht mehr an seine tröstlichen Worte.
Ich möchte mich mit Asche bedecken.

DIE ABENTEURER

Man bietet uns zwei Stellen an der Universität von Addis
Abeba an.
Das Abenteuer sagt uns zu.
Voraussetzungen: eine Hochzeit und eine abgeschlossene
Magisterarbeit.
Als hingebungsvolle Geliebte schreibe ich die Magister-
arbeit meines Geliebten.
Meine Doktorarbeit eilt nicht, ich werde sie schon irgendwie
hinbekommen, ich habe ja genug Übung.
Die Hochzeit ist für Ende Juni geplant.
Martin scheint sich zu freuen, für mich und für sich selbst.
Im August wollen wir nach Addis Abeba fliegen.

***

Auf einmal weigert sich Martin, das Abenteuer mitzumachen.
Kann man einen vierzehnjährigen Jungen nach Afrika
verschleppen, wenn er die ständigen Wendungen satthat,
die seine Mutter ihm aufzwingt?
Eva verspricht, sich um Martin zu kümmern. Ihm fällt
ein Bauernhof in den Ostkantonen ein, wo er mit seinem
Cousin ein Wochenende verbracht hat: Die Ostkantone
sind schön und friedlich, die Bäuerin ist freundlich,
ihr Mann auch.
– Dort will ich die Schule abschließen, in Ruhe leben.
Ob mir das sogar entgegenkommt?

EINE OHRFEIGE

– Martin braucht einen Wintermantel, befindet Eva.
Geh mit ihm zu Ogilvy.
Ich würde mir die Ausgabe gern sparen, Martin will gar
keinen Mantel.
– Keiner von meinen Freunden hat so was, das ist europäisches
Zeug.
Wir gehen trotzdem hin, in das Lieblingskaufhaus englisch-
sprachiger Shopper, wo die Liftfräulein weiße Handschuhe
tragen.
Meinem Sohn gefällt es dort nicht.
Ich kaufe ihm einen kostspieligen Überzieher aus schot-
tischem Wollstoff in Grün und Braun, auch wenn ich weiß,
dass er ihn nie tragen wird.
Wir zanken uns, während wir die marmorne Prachttreppe
hinuntergehen, der schmollende Sohn und die gereizte
Mutter, die ihm eine Ohrfeige verpasst.
Das ist das erste Mal, dass ich mich so gehen lasse.
Der Kauf eines Mantels wird mein mangelndes Feingefühl
im Umgang mit meinem Sohn nicht wettmachen. Ich hätte
wissen müssen, dass er diesen verfluchten Mantel nicht
wollte, dass er trotz allem mit mir aufbrechen wollte, genau
wie sein Bruder, damals in Arras ...
Ich hätte ihn danach fragen sollen, anstatt ihn zu schlagen.
Lange lag das Ding in den Kellern der Häuser herum, die
wir hier und dort bewohnten, und erinnerte mich an die Ohrfeige auf der Treppe bei Ogilvy.

MEINE MUTTER SIECHT DAHIN

Zunehmend gelähmt, siecht Martha in Berlin dahin, ich
sollte zu ihr, sofort, weiß aber nicht, wie ich diese Ver-
pflichtung, nein, diese Notwendigkeit, dieses Verlangen
in die Liste der Verpflichtungen einfügen soll, unterrichten,
die Jahresendprüfungen vorbereiten und korrigieren,
Zeugnisse ausstellen, Martins Umzug vorbereiten, unsere
Übersiedlung nach Afrika ...
Egoistisch, pragmatisch wie ich bin, eile ich nicht zu meiner
Mutter, betrete nicht ihr Zimmer im Krankenhaus, halte
ihr nicht die Hand, erlebe nicht den Tod derjenigen, die mir
immer zur Seite stand.
Martha ist tot.
Ich schluchze.
Amedeus, der mit Tränen nicht umgehen kann, führt mich
ins Kino aus.
Ich weiß nicht, welchen Film wir gesehen haben, ich habe
vom Anfang bis zum Ende geweint.
Ich beantrage keinen Urlaub, steige nicht ins Flugzeug ...
Mit welchem Geld hätte ich die Hin- und Rückreise über-
haupt bezahlen sollen?
Immer dieselbe Ausrede ...
Ich bitte Christa, die Asche später bestatten zu lassen, da-
mit ich dabei sein kann, wenn ich im August einen Zwischen-
halt einlege, auf der Flugreise, die mir die Haile-Selassie-
Universität bezahlt.
Erbärmliche Tochter.
Ich habe meine Mutter verloren,
einen Sohn in Frankreich,
den anderen in Kanada,

während ich mich ins Ungewisse begebe
das Abenteuer suche ...

✳ ✳ ✳

Ich wusste noch nicht, dass die Toten, dass jene, die wir wirklich geliebt haben, für immer bei uns bleiben.

UNTERWEGS

Amedeus besucht seine Eltern in Dänemark, ich fahre
nach Arras.
Da ist mein Sohn.
Erfreut, mich zu sehen?
Als schlechte Mutter erkenne ich nichts
unsensibel, wie ich als Mutter bin,
spüre ich nichts
vom Geheimnis
von den Schuldgefühlen
von der Angst dieses Kindes
von der Seelennot, mit der mein Sohn sich herumschlägt
den Vater verraten
dessen krankhafte Raserei
der Wunsch, loyal zu sein
oder sein Herz auszuschütten
um Hilfe zu bitten.
Angst vor Zurückweisung?
Angst vor den Folgen?
Bis er mir zuraunt:
– Papa schlägt mich.
Ich schließe ihn in meine Arme, die so lange nutzlos waren.
– Abends muss ich immer in mein Zimmer hinaufgehen,
mich ausziehen, auf den Bauch legen.
Das unschuldige Kind schämt sich.
– Warten.
Ich erlebe seine Angst nach.
– Dann die Gürtelschläge ...
Die Tränen fließen.
Wie konnte ich das nicht wissen?

– Nimm mich mit, Mama!
Ich laufe los, suche einen Anwalt, treffe auf eine Jugend-
richterin, eine energische Frau, die mir lachend rät,
den Zwölfjährigen einfach zu entführen:
– Ist er noch in Ihrem Pass genannt? Ja? Dann geht das reibungs-
los. Nehmen Sie den Zug, oder ein Flugzeug, mieten Sie ein
Auto ... Fahren Sie!
Die Flucht glückt. Das äthiopische Abenteuer kann losgehen.
Werde ich endlich eine gute Mutter werden?

1961, ADDIS ABEBA

Als Erstes die Eukalypten:
Wenn ich morgens aufwache
ist die Luft bläulich
getönt vom Laub dieser Bäume, die überall
zwanzig Meter oder höher ragen.
Am Himmel der afrikanischen Stadt
sehe ich, wie ihre Silhouetten mit den anmutig bewegten
Kronen
sich wiegen
Inbegriff von Schatten und Licht
ihr allgegenwärtiger Duft erinnert mich
oh Wunder
an die wiedergefundene Zeit beim Boukornine
seine Zyklamen, Meriems persischen Weihrauch
die Schönheit der Natur
ein Klischee
bis zu jenem Augenblick
da man davon ergriffen wird.

DAS GLÜCKLICHE LEBEN

Den Jüngeren wiedergefunden. Ein Ehemann. Ein gutes
Gehalt. Wöchentlich ein paar Stunden Lehre, ein Koch,
ein Mädchen für alles, ein Gärtner, der die Hunderten bunt
blühenden Zinnien in unserem Garten pflegt. Die dicke
Schildkröte, die ihren Teil will und ihn eifersüchtig hütet,
bedrohlich faucht, wenn man ihm zu nah kommt.
Die Geier in den Wipfeln der Eukalypten, neidisch auf die
kleinen Kekse, die wir in den Tee tunken.
Luxus.
Gewohnt, mir das Geld hier und da zusammenzuverdienen,
vergesse ich die Engpässe am Monatsende.
Meine Doktorarbeit über die deutsche Rezeption der Theater-
stücke Paul Claudels begeistert mich nicht und kommt den-
noch voran. Theo schickt mir Literaturhinweise, erlaubt nicht,
dass ich mich gehenlasse.
Martin?
Ich weiß, dass er in Sicherheit ist.
Wie kann es sein, dass ich ihn nicht einlade, dazuzukommen?
Als würde ein Sohn mir genügen.
Wir erleben das Abenteuer ohne Martin.

DIE ABGEHACKTE HAND

Jeden Tag
in der Straße vor unserem Haus
das durch einen stabilen Zaun, außerdem durch einen
Wachmann und andere Angestellte gesichert ist,
sehe ich Frauen mit krummem Rücken vorbeiziehen
sie tragen schwere Bündel aus Reisig und Blattwerk
vom Land in die Stadt
Feuerholz für die Köchinnen dort.
Abends, wenn ich vom Kino zurückkomme
erblicke ich von meinem Autositz aus
die roten Glühbirnen
die roten Stofffetzen über den Türen
Aufforderung an die Männer, sich ein Bier
und einen weiblichen Körper zu leisten.
Hunger und Elend
in Äthiopien zu sehen
wo wir behaglich leben
staunend
über das Elend der anderen
schockiert
weil man einem Mann die Hand abgehackt hat
der einen läppischen Diebstahl beging in der irren Hoffnung
sich irgendeine wertlose Habe anzueignen.
Wir machen Fotos
kaufen den einen oder anderen Gegenstand
der später zum Staubfänger wird.
Wozu eigentlich das Abenteuer?

DIE NACHT

Manchmal
nachts
weckt mich das Brüllen der kaiserlichen Löwen
von Addis Abeba
das Kreischen der Hyänen auf der Suche nach Aas
vergessen in irgendeiner Ecke der Stadt
manchmal sind es meine Fehler, die mich quälen, mich bis
in die dunkelsten Ecken meiner Träume verfolgen, die ich
gern freundlicher hätte
kurzum
mein Gewissen meldet sich
Martins Abwesenheit belastet mich
ich schreibe ihm nicht regelmäßig
meinem Sohn, der vor
den Dummheiten seiner Mutter
in die Ostkantone Quebecs geflohen ist
weit, weit weg
ich lebe ohne ihn
wie ich ohne seinen Bruder gelebt habe.
Und plötzlich möchte ich noch ein Kind gebären.
Zweimal werde ich schwanger, zweimal erleide ich eine
Fehlgeburt.
Addis Abeba liegt in knapp zweitausendfünfhundert Meter
Höhe
meinem Körper fehlt es an Sauerstoff.
Ein ganzes Jahr lang beharre ich darauf
verlange von Amedeus, dass wir es tun, sobald
laut Thermometer
der Zeitpunkt günstig ist

dabei will er gar kein Kind.
Blutungen
Spritzen und Tabletten
Frühgeburt eines Mädchens
dem fortan meine ganze Aufmerksamkeit gilt.

1963 WIEDER DAS GLEICHE

In diesem Jahr
stirbt mein Vater
nur
an einer kleinen Bronchitis.
Er war alt geworden.
Ein letztes Mal
hatte ich ihn in Berlin gesehen
unterwegs nach Äthiopien
ein kurzer Zwischenhalt ...
Nie wieder werde ich ihn etwas fragen können,
derjenige, der mich stets verstanden hat, ist nicht mehr.

KOSTBARE SCHERE

Rückkehr nach Montreal
über Berlin
ein anderer Zwischenhalt
eine Übernachtung
im alten Haus
ein paar rasch eingesammelte Erinnerungsstücke
die Schere
zum Beispiel
aus einer seiner Schreibtischschubladen
der linken
wie mir wieder einfällt
wo er auch die Marken aufbewahrte
für die Briefe, die er mir schrieb.
Er wird mir nicht mehr schreiben.

ALLEIN

Ich bin niemandes Tochter
allein
sogar mit den Kindern.
Drei Kinder, nicht schlecht.
Mit der Zeit werden es
durch Heirat und Nachwuchs
sogar siebzehn sein
und mehr.
Doch nun
am 4. Februar 1963
dem Tag, an dem mein Vater stirbt,
stehe ich ganz oben
auf der Familienleiter
und es verschlägt mir den Atem.
Michel sieht mich prüfend an
fragt er sich, wann auch ich
weggehen werde
so wie ich in El Aouina weggegangen bin.
Die Welt ist fragil.
Die Leitungen
singen im Wind.

SOMMER 1963

Der Mann mit dem schönen Vornamen steuert den Familien-
volvo, ich sitze neben ihm, Marianne, sechs Monate, Mar-
tin, siebzehn Jahre alt, und Michel, fünfzehn, sind auf der
Rückbank. Die Straße führt von Montreal nach Grand Forks,
North Dakota, zweitausendsiebenundachtzig Kilometer.
Mit den Trennungen ist es nun voll und ganz vorbei,
meine Kinder und ich sind vereint.
Endgültig.
Vollkommen.
Als wären wir nie getrennt gewesen.
Die beiden Brüder haben eine Schwester.
Ob Amedeus Teil dieser Familie ist?
Ob er, der sieben Jahre jünger ist als ich, mit mir auch meine
Vergangenheit geheiratet hat?
Eines Tages wird er uns verlassen.
In Grand Forks angekommen, übernimmt jeder von uns
seine Rolle: Amedeus und ich werden das Geld verdienen,
Martin und Michel werden das Gymnasium besuchen,
Marianne wird heranwachsen.
Das Leben wird ein glückliches sein.

AM SPÄTEN ABEND

Drei Stunden täglich, von 21 Uhr bis Mitternacht, sitze ich
an meiner Doktorarbeit, in der kleinen Schreibkammer,
die mir die Universität von North Dakota in ihrer großen Bibliothek zugewiesen hat.
Diese Kammer verlassen
allein
so spät
die Schlüssel zwischen den Fingern der rechten Hand
wie man es mir im Selbstverteidigungskurs beigebracht hat
jeden Abend zittere ich
durchquere das ganze Stockwerk
aufrecht
als könnte mir nichts passieren
dabei vermute ich hinter jedem Regal
den Mörder
höre ein Atmen, wo keines ist
Schritt
um Schritt
ich nehme den Fahrstuhl
fürchte mich vor demjenigen, der vielleicht
zu mir stoßen wird
nein, da ist niemand
ein Glück
ich zittere
verlasse das Gebäude
sehe auf dem Parkplatz den unsichtbaren Vergewaltiger
finde das Auto, zu guter Letzt werfe ich einen Blick auf die
Rückbank
was würde ich tun, wenn dort jemand wäre

da ist aber niemand
ich öffne die Tür
werfe mich in den Sitz, eile zu unserem amerikanischen
Bungalow.
Atme auf.
Ich betrachte meine schlafende Tochter in ihrem Bettchen
decke sie zärtlich zu
wünsche meinen Söhnen gute Nacht
trinke mit meinem schönen Mann ein Glas Wein
im romantischen Schein einer Kerze.
Oft lieben wir uns.

CLOWNS

An einem eiskalten Nachmittag, minus 30 °Celsius trotz
blauen Himmels und Sonnenscheins
komme ich vom Einkaufen heim
sehe Michel nackt
splitterfasernackt
barfuß
mit bloßem Hintern
im Schnee tanzen, der den Rasen vor dem Haus bedeckt
und den anderen
Martin
der ihn mit einem Messer bedroht
der ihn nicht ins Haus lassen will.
Was ist los?
Ich steige aus dem Auto
schnell
die zweite Ohrfeige seines Lebens
überrascht Martin
Michel geht ins Haus
Amedeus ist in seiner Dunkelkammer
Neugierig
richtet sich die Kleine in ihrem Kindersitz auf.
Michel ist nicht mehr nackt.
Das Messer wandert in die Schublade zurück.
Und wir lachen uns kringelig.
Es war nur ein Scherz ...

MARTINS ABENTEUER

Wer hat es mir gesagt? Michel?
Wie, er soll seinen Bruder verpetzt haben? Nein.
Amedeus?
Seine Worte hätten ein Familiendrama mit Geschrei und
Tränen in Gang gesetzt. Er schwieg lieber, behielt alles
für sich, ließ den Dingen ihren Lauf.
Die eine oder andere Nachbarin?
Sie kennen mich nicht.
Die alte Karre, die am Ende der Straße abgestellt ist,
der fette braune Chevrolet
so heruntergekommen
so hässlich
gehört Martin.
Mein Sohn hat mit siebzehn schon ein Auto?
So ist das in Amerika, in North Dakota.
Ich hätte es wissen
mich an diesen Wintertag in Montreal erinnern müssen
den ersten Winter im Land der Kälte
als er mir mitteilte, er werde sonntags in die Kirche gehen
weil er dann Basketball spielen dürfe
samstags
im Keller dieser Kirche.
Kirche und Basketball
können nicht schaden, dachte ich mir.
Damals ahnte ich nicht
dass die nordamerikanischen Sitten sein Leben bestimmen
würden.
In Grand Forks, als meine Söhne ihr erstes Geld verdienten,
50 Cent die Stunde für das Abräumen und Abwischen der

Tische in einem Restaurant, begriff ich nicht, dass es für sie
die Verheißung künftigen Reichtums bedeutete.
Aber gab es nachts nichts Besseres zu tun?
Wie viele Wochen hatte er wohl gearbeitet, um den Chevrolet
kaufen zu können?
Armer Martin
ohne Führerschein
ohne Versicherung
vor seiner zornigen Mutter
Mutter, die jeden möglichen Unfall zu verantworten hätte.
Genau wie den Kredit, den der künftige *self-made man*
bei einem Juwelier aufgenommen hatte, als er für ein sech-
zehnjähriges Mädchen einen Verlobungsring kaufte.
Über diesen Kauf hatte mich die vernünftige Mutter des
Mädchens in Kenntnis gesetzt, und er wurde durch einen
Besuch beider Mütter beim Juwelier annulliert.
Armer Martin.
Hätte ich ihn unterstützen sollen in seinem Streben
nach Unabhängigkeit?
Lag ich falsch, als ich ihm die drohenden Folgen darlegte?
Damals
war ich lediglich
wütend.
Ich erkannte nicht, dass sich gerade eine neue Beziehung
zwischen Mutter und Sohne entwickelte.
Eine Beziehung mit mehr Abstand
der Sohn rebelliert
die Mutter reagiert mit Kritik auf das, was der Sohn tut.
Weniger Lachen
weniger Austausch
der andere Sohn im Hintergrund des Familientableaus
feiner

stiller Beobachter
ein kleines Mädchen
das gerade seine Umwelt erkundet
während der Vater Schönes und Hässliches fotografiert
die Mutter, trotz allem,
entschlossen,
das Ganze zusammenzuhalten
mit allen und jedem.

VIEL ZU VIEL!

Mein Vater sagte oft zu mir:
Mach nichts nur halb,
keine halben Sachen ...
Eine Familie
eine Doktorarbeit
mit der ich mich
am späten Abend abmühe
die Tochter schlafend
der Vater in der Dunkelkammer
ich in der Bibliothek
die Söhne bei der Nachtarbeit
in amerikanischen Restaurants
Steaks, Hotdogs, Hamburgers, Pommes
und Coca-Cola ...
Während ich mich für meine Kinder aufopfere
für den Mann, mit dem ich
nachts
Sex habe
begreife ich nicht
dass der Große seine Freiheit braucht.
Nach achtzehn Jahren hätte ich,
die ich immerzu arbeite,
mit so vielen Dingen beschäftigt bin,
das an seinen blauen Augen ablesen müssen
aber ich las
las aufs Neue
korrigierte diese verfluchte Doktorarbeit über
die Rezeption Claudels in Deutschland
bald darauf abgeschlossen

veröffentlicht
in den Bibliotheken einsortiert
in Grand Forks und andernorts
in Europa
in Nordamerika
wo die jungen Leute nachts
in Restaurants arbeiten
um ein Auto zu kaufen
einen Ring
Träume.

DIE UNACHTSAME MUTTER

Müde von allem
von diesem Leben voller Haushaltspflichten und
Studienarbeit,
Liebe und Sex
von diesem Grand Forks
wo rund um die *High School*
Rekrutierungszentren entstehen
wo aus Jungen
Soldaten werden.
Ich sah sie nicht, diese Zentren,
ich, die unachtsame Mutter.
Hätte ich sie nur gesehen, dann hätte ich mit ihm reden
können
auch mit dem anderen, der seinen Bruder beobachtete,
diesen Jungen, der sich melden wollte
um die Gefahren der Männerwelt zu erkunden.
Ich sah nichts.
Einfach müde
erschöpft
überzeugt, dass unser Familienleben unverändert
weitergehen würde
schlief ich.
Aber dann, an seinem achtzehnten Geburtstag
einem Donnerstag
dem 11. Juni 1964
in Grand Forks, North Dakota
tritt Martin der US Army bei
hebt die rechte Hand
spricht dem Unteroffizier

die Wörter eines Gelöbnisses nach
das ihn von seiner Mutter befreien
und zum gehorsamen Soldaten machen soll.

DIE MUTTER DES SOLDATEN

So viele dieser Zentren rund um die Schule
an jeder Straßenecke
nein, ich hatte sie nicht gesehen
hatte nicht begriffen, dass sie bereit waren
sich den jungen Mann einzuverleiben
den ich noch für mein Kind hielt.
Nun ist mein Sohn Soldat geworden.
Lass ihn, sagt Amedeus, so lernt er Disziplin
– als hätte ich ihm nie etwas beigebracht.
Ich hatte keinen Vater mehr, dem ich hätte schreiben können
keine Mutter, die stets bereit war, mir zu helfen
um im Blick meines Sohnes wieder die Anteilnahme
aus der Avenue Bourguiba aufscheinen zu lassen.
Mein Sohn, ein Soldat
entsandt nach Fort Bragg
Fort Hood
und Fort weiß-der-Kuckuck-was.
Die Stützpunkte voller Jungen
die sich auf den Landkrieg vorbereiten
die lernen, tatsächlich zu töten
und auf Befehl
wie es heißt.
Im achtwöchigen *boot camp*
Gewaltmärsche
Handhabung der Waffen, der Granaten
während die Bomben auf Vietnam fallen
und die Infanterie den Angriff vorbereitet.
Im April 1965 werden es hundertfünfundzwanzigtausend sein
darunter mein Sohn

Tötungslehrling.
Ob er auch in Fort Poll war
Tigerland genannt
ob er auch gesungen hat
Kill Kill Kill?

DER AUFBRUCH DES SOLDATEN

1965. Rückkehr nach Montreal.
Die Mutter des Soldaten demonstriert
der Soldat bricht nach Vietnam auf.
Vor seiner Abreise
bekommt er zwei Wochen Urlaub
zwei Wochen
sind nichts
gemessen
an den achtzehn Jahren seines Lebens.
Die Frau, die den Säugling gegen Wanzen verteidigt hatte
geht zum Amerikanischen Konsulat, verlangt, dass das
geleistete Gelöbnis für null und nichtig erklärt wird
jenes Versprechen, sich an einem Krieg zu beteiligen, der
nicht der seine ist.
– Sicher, Madame, sagt der Konsul, er braucht nur einen
Antrag zu stellen ...
– Einen Antrag kann man leicht stellen, sage ich zu meinem
Sohn
der stur bleibt
von Soldatenehre redet
von bindender Verpflichtung
der sich weigert.
Am Abend vor seinem Aufbruch
schließt er sich
für diese letzte Nacht
in seinem Zimmer ein.
Und die Mutter
die Mutter, die Makronen mit dem Aufruf *Frieden* herumträgt
geht in den Keller hinunter

auf der Suche nach einem Stock
einer Eisenstange
oder einem Baseballschläger
überzeugt, dass es nur eine Möglichkeit gibt
ihr Kind nicht in den Krieg ziehen zu lassen
nämlich ihm das Bein zu brechen
Krack!
Und dann
der Gips ...
Sie geht wieder hinauf
mit dem passenden Werkzeug in der Hand
merkt sogleich
dass sie nicht fähig ist, ihrem Sohn wehzutun.
– Amedeus, könntest du ...
Amedeus weigert sich.
Michel schweigt.
Am Morgen
lächelt Martin und sagt, er habe es gewusst
und zieht in den Krieg.
Die Mutter weint.
Sie schreibt der Militärbehörde, ein befreundeter Arzt
stellt ihr ein Attest aus, demzufolge sie depressionsgefährdet
sei, die Schreiben durchlaufen auf ihrem bürokratischen
Gang unzählige Etappen, die Akte wird immer umfänglicher.
Eines schönen Morgens in Vietnam ruft der Hauptmann
eines Infanterieregiments den Soldaten namens Martin,
sagt ihm:
– Deine Mutter sorgt sich, leidet, droht krank zu werden ...
– Meine Mutter ist stark, Hauptmann, antwortet der Soldat,
ich kenne sie, an diesem ganzen Gerede von *nervous
breakdown* ist nichts dran.
Kurzum, der Soldat will sich partout nicht retten lassen.

Er verfasst sehr viele kurze Mitteilungen
des Tenors, es sei alles in Ordnung
tatsächlich befinde er sich an einem herrlichen Strand
und bewache die Munition
die Briefchen vertraut er einem Freund an, der bei der
Feldpost arbeitet, damit er sie in die Avenue Mariette 47
nach Montreal schickt.
Die Mutter liest sie
glaubt seinen Zeilen
wie sie ihm immer geglaubt hat
bis zu dem Tag
da sie mitbekommt, dass der Bruder des Soldaten
andere Briefe erhält
mit einer anderen Absenderadresse
und begreift
dass die Munition am Strand eine Lüge ist
eine Erfindung, die sie beruhigen soll
dass ihr Sohn
im Mekong-Delta Krieg führt.
Ein ganzes Jahr lang
Tag um Tag
erhält sie
Briefe voller Lügenmärchen
verfasst aus Liebe und Sorge.

HÄTTE HÄTTE ...

Am Abend vor seiner Abreise
hätte ich ihm wirklich das Bein brechen
hätte
Bretter ans Fenster seines Zimmers nageln
und an seine Tür
dicke Bretter
hätte die Mütter der anderen zusammentrommeln sollen
die es ihm gleichgetan hatten
junge Kanadier, die mit achtzehn
nach Vietnam gezogen waren
um Selbstmord nach Plan zu begehen
mit der irrwitzigen Vorstellung eines Heldentods
vieler Orden und einer fulminanten Karriere ...
Ich hätte versuchen sollen
diese Mütter
zusammenzutrommeln
gemeinsam hätten wir die Jungs davon abgehalten
Krieg zu führen.
Aus Verzweiflung über meinen Sohn
habe ich
die Söhne der anderen
nicht bedacht
habe in meinem Winkel gejammert
mit meiner schwachen Stimme
die ich ohne jedes Echo glaubte.
Man weiß nicht, wie viele Kanadier gekämpft haben
in Vietnam
Zehntausend, sagen manche Historiker.
Dreißigtausend, behaupten andere.

Sieben sind dort verschollen
einhundertdrei sind dort gefallen.
Dreißig Jahre später, 1995, wurde in Windsor, Ontario,
die North Wall eingeweiht, ein Kriegsdenkmal zu Ehren
der kanadischen Vietnamkriegsveteranen.

DIE RÜCKKEHR DES KRIEGERS

Er hat Glück gehabt, mein Erstgeborener.
Er ist unversehrt
heimgekehrt
er ist nicht verwundet worden
er hat studiert
Karriere gemacht
eine Familie gegründet
drei Mädchen großgezogen
die nicht im Krieg kämpfen werden.
Eines Tages
vielleicht
werden wir
über all das reden
um eines Tages
festzustellen
was einst vor langer Zeit Pierre Corneille in diesem
schönen Vers vorhersagte:
Der Kampf war, weil die Kämpfer fehlten, aus.[15]

---

15   *Der Cid*, übersetzt von Malwine Gräfin Maltzan. [A. d. Ü.]

IM ENGSTEN KREIS

In Montreal
bewohnen wir den oberen Teil einer Maisonettewohnung
in der Nähe des Loyola Campus
wo Michel französische Philologie studiert
wo seine Mutter und Amedeus lehren
was er belegt hat.
Morgens
gehen wir in dieselbe Richtung.
Abends gehen wir den umgekehrten Weg
gemeinsam
oder fast.
Wir essen
was Betty
Mariannes Kinderfrau aus Österreich
für uns zubereitet.
Ihr Kartoffelsalat ist köstlich,
genau wie ihr Kalbsschnitzel.
Der Kreis ist ein bisschen eng
das ist offensichtlich.
Ich merke es nicht.
Martins nette Briefe
sind noch keine Lügen.
Hätte mir nicht wieder einfallen müssen, dass man mit
achtzehn flügge werden möchte?

DER AUSFLUG

Mitten in einer Spätwinternacht
klingelt das Telefon
ich wache auf
es ist die Mieterin von unten
meine gute Freundin Jackie:
– Marguerite! Ich weiß nicht, was los ist, aber ich habe gesehen,
wie ein Koffer an Bettlaken von eurem Stockwerk herunter-
gelassen wurde ...
Rasch
gehe ich hinunter auf die Straße
und da ist mein zweiter Sohn, inzwischen selbst achtzehn,
mit dem Koffer in der Hand
unterwegs zur Bushaltestelle
um in die Fußstapfen seines Bruders zu treten.
In Montreal gibt es keine Rekrutierungszentren
aber ich weiß
genau wie er
wo es welche gibt
entlang der Grenzen zwischen Kanada und den USA ...
Hat er von mir Abschied genommen?
Ich kann mich nicht daran erinnern.
Ich will ihn unbedingt abhalten
von seinem unheilvollen Vorhaben.
Armer Michel, es ist nicht lustig, von seiner Mutter eingeholt
zu werden
die, nachdem sie rasch die weißen Laken eingesammelt hat,
auf Anraten des amerikanischen Konsuls
einen Brief schreibt

den sie in Kopie an all diese Rekrutierungszentren schicken
wird
selbstverständlich auch an jenes
in Grand Forks, North Dakota
um sie zu warnen
falls jemals
ein junger Kanadier
bei ihnen vorstellig wird
mit einem Brief, den vermeintlich seine Mutter unterschrieben hat
damit er der US Army beitreten darf
diese Unterschrift sei eine Fälschung.
Armer Michel
das Leben ist nicht leicht
wenn man erst achtzehn Jahre zählt
und in den Krieg ziehen will
aber zu jung ist
also noch die Erlaubnis der Eltern braucht
und sich im Rekrutierungszentrum von Grand Forks
sagen lassen muss
dass die Mutter es nicht erlaubt.

ZINK IN FLIN FLON

Außer sich
fährt der Junge
per Anhalter
nach Manitoba
bis nach Flin Flon
wahrscheinlich hat ihm der Name gefallen.
Dort arbeitet er dann für Inco Inc.
oder eine andere Bergbaugesellschaft
entwickelt unter der Erde Muskeln
holt das Erz herauf
trinkt Bier
lässt sich von einem unbegabten Künstler
auf dem linken Arm
ein jämmerliches Kriegssymbol tätowieren
langlebiger als die Minen
langlebiger als
die Cannabisplantagen
von der Regierung konzessioniert
in Flin Flon
wo diese Heilpflanze
von 2002 bis 2009 wächst.
Komischer Name
Flin Flon
ein Ort, den Michel
nach drei Monaten
verlassen wird.

DIE RÜCKKEHR DES REISENDEN

Nun ist er wieder daheim
in der Maisonettewohnung
in seinem Zimmer am Ende des Flurs.
Wortkarg
stellt er sich einen Fernseher hin
bald füllt sich der Bildschirm mit Bildern
begleitet vom ganzen Waffenlärm und Explosionsgetöse
unabdingbar für die Geräuschkulisse des Krieges
des Bombenhagels
und des Kampfes
ob mit Feuer- oder Stichwaffe.
Der blanke Horror.
Tag und Nacht herrscht Krieg in der Avenue Mariette 47
lautstark
bis eines Tages
schließlich
die Mutter
auch sie eine Kriegerin
in diese Hölle vordringt
und aus voller Kehle verkündet
dass er damit aufhören muss
das Gerät ausschalten
sich eine Arbeit suchen soll
bis er sein Studium wieder aufnehmen kann
nach dem verlorenen Jahr
und er tut es.
So ist er endlich heimgekehrt, wie es laut Biologe Nathan
Putnam die Lachse tun: »Wir gehen davon aus, dass die
Lachse das Magnetfeld [ihrer Heimat] verinnerlichen, wenn

sie das Flusssystem als Jungtiere verlassen und ins offene
Meer schwimmen.«[16] Und so finden sie als Erwachsene ihren
Weg zurück.

Der eingeprägte Wegepunkt – ein Schnitzel? Vielleicht eine
Stimme? Ein Foto? Ein Bett?

Ich stelle mir meine Söhne auf ihrem Rückweg vor.

Ein Glück, dass es bei ihnen im Gegensatz zu den Lachsen
nicht Jahre gedauert hat, bis sie erwachsen wurden.

---

16 Hier zitiert nach dem Magazin *Der Spiegel*, Ausgabe vom 8. 2. 2013.
    [A. d. Ü.]

ALLES IST GUT

Michel ist ebenfalls unbeschadet heimgekehrt
hat studiert
Karriere gemacht
eine Familie gegründet
drei Mädchen großgezogen
und einen Jungen
der sich
bisher jedenfalls
genau wie seine Schwestern
nicht für Waffen begeistert.

NIE HABE ICH GEDACHT
DASS WIR UNS NICHT LIEBTEN

Ich erinnere mich an den lodernden Himmel von Ost-Montreal
daran, wie meine Söhne von ihrem Erzeuger geprügelt wurden
an Schlachtfelder, Minenschächte, finstere
Gedanken, die es abzuwehren gilt.
Denn natürlich
gab es in unserem Zusammenleben glückliche Momente:
die Strände in Tunesien
so strahlend weiß
das Pflücken der Zyklamen
auf dem Boukornine
unsere Wanderungen durch den Grunewald
die Obstbäume im Garten meiner Eltern
den Tanz auf dem vereisten Rasen in Grand Forks
die Weihnachtsfeste
das tobende Leben in Montreal
die Revolte der Studenten und Profs an der Loyola
den Schnee
den Matsch
und die Sommerhitze
all die gemeinsamen Mahlzeiten
das Obst
das Lächeln
den Wein
die Reisen mit Schiff, Zug, Auto, Flugzeug
unser Lachen.
Was man die kleinen Freuden des Alltags nennt ...
Nie habe ich gedacht, dass wir uns nicht liebten.

EINES TAGES

Und dann kommt der Tag, da aus dem Sohn ein Paar wird.
An seiner Seite
fast immer
und bald immer
eine andere Person
die er liebt.
Die Blicke kreuzen sich.
Die Befürchtungen
die Bewertungen
wohlwollend
oder nicht
jedenfalls
ist die Mutter nicht mehr oft allein mit ihrem Sohn.
Ganz einfach:
Er zieht aus
um ihn zu sehen, muss man sich verabreden.
Nach so vielen Jahren
ist das weg
was ich
voller Zärtlichkeit
wir zusammen
nannte.
Wie seltsam das ist.
Übrigens
ist sie nicht unfreundlich
die andere
sie war ja zu erwarten gewesen
und man gewöhnt sich ohne Groll
und mit der Zeit

an die schwindende Nähe
die wachsende Menge
an diese andere Stimme am Telefon
den Legenden zum Trotz
die Schwiegermutter
und Schwiegertochter
gegeneinander setzen ...
So läuft es eben.
Erst heiratet ein Sohn
dann der andere.
Sie sind glücklich
Regeln spielen sich ein
Distanzen entstehen
geografischer
emotionaler
intellektueller Natur
Distanzen, die wir nicht messen wollen.

DIE FRAUEN MEINER SÖHNE

Das französische Wort *bru* stammt aus dem Lateinischen
und bedeutete ursprünglich *die junge Braut*.
Inzwischen sind sie nicht mehr so jung
meine beiden schönen *brus*
meine Schwiegertöchter
seit dreißig Jahren oder sogar mehr
treu verbunden
den zwei starken und
vermutlich schwierigen Männern
die ich zur Welt gebracht habe.
Es wird Zeit, dass ich ihnen meine Bewunderung ausspreche
diesen beiden Frauen
die mit ihnen und ihren Kindern
geduldig
stabile Familien begründet haben
ohne große Auseinandersetzungen
ich bewundere sie
ich schätze sie
und ich danke ihnen.
Haben sie mir nicht
im Grunde
wenigstens
in gewisser Hinsicht
meine Freiheit wiedergeschenkt?

UNBEHOLFEN
VERBERGE ICH MEINE BITTERKEIT

1971–72 gebe ich ein Seminar mit dem Titel *Women in Modern Society*.
Fünfzehn Sitzungen à drei Stunden
fünfundvierzig Frauen und fünf Männer wohnen einer
lebhaften Diskussion bei, die ein Jesuit und Biologieprofessor
mit Henry Morgentaler[17] führt ...
1972 bringe ich das Buch *Mother was not a person*[18] heraus,
eine Sammlung von Essays aus der Feder von Frauen, die an
diesem Seminar teilgenommen haben.
Seit 1987 erhalte ich alljährlich Tantiemen von unserer
Verwertungsgesellschaft, damit das Buch in Kanadas öffent-
lichen Bibliotheken kostenlos zugänglich bleibt.
Wie kann es also sein, dass meine Söhne, meine Schwiegertöchter dieses Buch mir gegenüber nie angesprochen haben,
von dem nach Erscheinen in ganz Kanada gleich sechs-
tausend Exemplare verkauft wurden?
Eine schlechte Mutter, die sich zur Feministin wandelt
eine von denen, die alles darangesetzt haben, damit Frauen,
ihre beiden Schwiegertöchter, sechs Enkelinnen und drei
Urenkelinnen eingeschlossen
Mutterschaftsurlaub erhalten und noch andere Rechte
darunter eines Tages vielleicht sogar
das Recht auf gleichen Lohn für gleiche Arbeit?

---

17 Ein Arzt, der sich zwanzig Jahre lang für das Recht auf Abtreibung
    einsetzte und dafür sogar Gefängnisstrafen in Kauf nahm.
    Dank seines Einsatzes gilt dieses Recht in Kanada seit 1988 unein-
    geschränkt. [A. d. Ü.]

18 Bei Content Publishing Limited and Black Rose Books of Montreal.

DIE SCHREIBENDE MUTTER

Nach diesem Buch erschienen weitere, insgesamt etwa zwanzig.

– Oh, sagt meine Schwester Eva und denkt dabei an unseren Vater, unsere Großväter, unsere Onkel und an sich selbst, in unserer Familie schreiben doch alle ...

Vielleicht sehen meine Söhne ihre Mutter genau so:
Als Schreibende ...

Das heißt nicht, dass sie ihre Mutter lesen, auf Papier oder am Bildschirm.

Als ich klein war, hörte ich jeden Tag das Klick-Klick-Klick der väterlichen Schreibmaschine.

Warum habe ich den Tod des Autors abgewartet, ehe ich seine so sorgfältig verfassten Romane las?

Ob die Tochter Angst hatte, sich darin wiederzufinden, sich durch den Vaterblick zu erkennen?

Ob die schreibende Mutter zum Fürchten ist?

Was sie wohl über mich sagen wird, fragen sich vermutlich beide, wenn es darum geht.

Sie schicken mir stets einen riesigen Blumenstrauß, wenn einer meiner Romane ausgezeichnet wird ... Was nicht heißt, dass sie ihn gelesen haben.

Reihen wir die Bände in ein Regal des Bücherschranks ein, beschließt einer der beiden
und der andere wird es vermutlich genauso halten.
Das geht schnell,
nehmen wir uns die Zeit, sie chronologisch zu ordnen.
Wenn das Haus nicht abbrennt
und keines unserer Kinder eines dieser Bücher mopst

wird das, was sie geschrieben hat,
geduldig warten
bis wir von ihr frei genug sind, um unsere Mutter zu lesen.

VON DEN SÖHNEN ZUR TOCHTER

Ich bin meiner Tochter näher als meinen Söhnen.
Weil sie ein Mädchen ist?
Wir berühren uns mit größerer Selbstverständlichkeit
Häufigkeit
und Mühelosigkeit.
Weil sie als einzige der drei mit mir Deutsch spricht?
Das ist unsere Geheimsprache.
Meine Söhne haben die Sprache ihrer Berliner Zeit verloren.

***

Toronto, am 6. Juli 2013. Ein Samstag. Ich schreibe.
Das Telefon klingelt.
– Mama!
– Ja?
– Es ist schon eins. Hast du gegessen?
– ...
– Hast du vergessen?
Mir, der Alten, gilt auf immer ihre Aufmerksamkeit.
Ich gestehe:
– Stimmt.
Ich habe es vergessen. Das passiert mir manchmal. Auch
wenn ich mich nach dem Sieben-Stadien-Modell, das
Dr. Reisberg für die Alzheimer-Erkrankung etabliert hat,
erst auf Stufe 1 befinde, also die der gesunden Erwachsenen
mit normaler Gedächtnisfunktion, und diese Nummerie-
rung nicht so verstanden werden darf, dass es sich dabei um
einen Zustand permanenter Gefährdung handelt, auf den

bald zwangsläufig Stufe 2 folgt und damit der Beginn der Krankheit.

Meine Tochter macht uns etwas zu essen.

– Wie läuft's mit dem Schreiben, Marguerite?

Meine Antwort ist vage.

– Du wolltest doch zwei Seiten über mich schreiben?

– Ja, ja.

– Soll ich dir helfen?

Ich stürze mich auf diesen Rettungsanker:

– Ja!

Meine Tochter ist Anwältin, sie zählt sowohl mündlich als auch schriftlich auf, was mir ihre Kindheit in Erinnerung rufen wird. Von ihrer Kindheit soll also die Rede sein.

1. Jeden Tag hast du mit mir gespielt.

Ich entsinne mich nicht, eine so gute Mutter gewesen zu sein.

2. Wenn ich ein Buch ausgelesen hatte, kauftest du mir ein neues. Ich las gern. Vor allem Dr. Seuss.

Du glaubtest noch an die Fiktion.

3. Eines Tages folgte uns in Montreal ein Mann. Ich habe dich gefragt, wer das ist, du hast lachend geantwortet, es sei mein Vater. Er ging immer hinter uns.

Das Rätsel. Er wollte nicht, dass man ihn wirklich kennenlernte.

4. Du lehrtest an der Loyola. Nachmittags brachtest du mich oft in dein Büro, wo ich wartete, bis dein Seminar zu Ende war.

Ich konnte es gar nicht erwarten, dich zu sehen.

5. 1970 bekam ich meinen ersten Ausweis, ausgegeben von der Loyola in Montreal. Da ist er, schau mal. Ich trug ein braunes T-Shirt, mit einem hübschen kleinen Seidenschmetterling auf der Vorderseite. Das hattest du mir in Paris gekauft.

Du warst sieben. Du und ich in Paris. Beim Bummeln.
Glücklich.

> *6. Der Beamte im Büro der Loyola bat mich, den Ausweis*
> *zu unterzeichnen. Ich kannte das Wort »unterzeichnen«*
> *nicht. Also habe ich meinen Namen in Großbuchstaben*
> *geschrieben. Siehst du?*

Du: immer so sorgfältig.

> *7. Freitags gingen wir zum Faculty Club. Dort gab es einen*
> *Mann mit einer Python um den Hals. Du hast nichts gesagt,*
> *als ich die dicke Schlange berührte.*

Kein Anflug von Schwäche. Das starke Kind.

> *8. Im Club setzte sich mein Vater nie an unseren Tisch.*

Ich hätte mir gewünscht, dass er mit uns redet.

> *9. In Grand Forks trug er mich auf dem Arm, nachts,*
> *wenn ich weinte. Ich weiß nicht, wo du warst ...*

Als schlechte Mutter war ich wahrscheinlich in der Bibliothek.

NICHT ALLES IST GUT

In unserer Familienzelle steht nicht alles zum Besten.
Wir sind anständige Leute.
Keiner von uns ist besonders gesprächig
es gibt keinen Streit, keinen Groll
alles ist friedlich.
Wir reden miteinander.
Politik, Religion, Herkunft, Einkommen
sind heikle Themen
die wir behutsam angehen
meistens
nur kurz.
Es ist für uns nicht leicht
uns immer alle einig zu sein.
Wir sind zurückhaltend, könnte man meinen.
Anständige Leute.
Ist das gut?
Nicht ganz, würde ich sagen und mich um einen sanfteren
Ton bemühen, um hier Dinge anzusprechen, über die wir
nicht sprechen wollen.
Mit neunundachtzig Jahren fällt es mir noch schwer, laut und
deutlich, schwarz auf weiß zu bemerken, dass in meiner
Sippe nicht alles zum Besten steht.
Merkwürdig.
Ich habe Fehler begangen, als ich meine drei Kinder aufzog,
eben habe ich mich dazu bekannt.
Ich glaubte, ich hätte es wiedergutgemacht.
Aber ich sage es noch einmal: Es ist nicht alles gut.
Vielleicht, weil wir anständige Leute sind.
Unter uns

herrscht ein Tabu
das durch unser kollektives Schweigen
allmählich unaussprechlich wurde.

DAS UNAUSSPRECHLICHE

Meine Tochter war achtzehn, als sie bekannte, dass sie sich zu Frauen hingezogen fühlt. Sie sagte es mir. Meine Söhne waren verheiratet, wohnten also nicht mehr bei uns. Weder sie noch ich haben mit ihnen darüber gesprochen.

Ich hatte selbst nicht mit dieser Enthüllung gerechnet; in meiner Vorstellung wäre meine Tochter mehr oder weniger meinem Weg gefolgt, hätte allerdings studiert, bevor sie einen intelligenten Mann geheiratet und Kinder bekommen hätte. Trotz meines starken feministischen Umfelds und meines Engagements für das Wohlergehen aller Frauen war mir nie in den Sinn gekommen, dass sie mit einer Frau zusammensein könnte.

Ich machte mir Sorgen um sie. Ich wusste ja, dass ihre Lebensweise in unserer heterosexuell ausgerichteten Gesellschaft mehr Schwierigkeiten aufwerfen würde als das sogenannte »normale« Leben.

Ich weiß noch, wie ich sie darauf hinwies, dass ihr wegen dieser Vorliebe gewisse Anfeindungen drohten. Und da blickte sie mich an und wollte wissen, ob ich

die Eingewanderte
die Geschiedene
die Karrierefrau
die Schriftstellerin
die Atheistin
nicht auch
manchmal
in gewisser Hinsicht
isoliert
an den Rand gedrängt wurde.

Da hat es mir die Sprache verschlagen.
Damals haben wir darüber gelacht.

DIE MAUER DES SCHWEIGENS

Natürlich kam mit der Zeit das Geheimnis ans Licht,
ohne dass wir es angesprochen hätten.
Es gab keine Schikanen
keine Scherze
homophoben Untertöne
Häme.
Es gab freundschaftliche Reaktionen
Zuspruch
von allen
doch auch weiterhin diese unsichtbare, stumme Mauer
des Unaussprechlichen.
Ich hätte begreifen müssen, dass meine Söhne mit ihren
jeweils drei Töchtern vielleicht unbewusst befürchteten, die
eine oder andere könnte die gleichen Gene haben wie ihre
Tante und somit unter Umständen die gleiche Entscheidung
treffen.
Man weiß ja nie.
*Diskrete Menschen mischen sich nicht in fremde Angelegenheiten
ein*, heißt es im *Le Robert*.
Ich habe sie nicht darauf angesprochen.
Ich, diskret, wohlanständig, regelkonform.
Befürchten?
Was befürchten?
Definieren wir das mal.
Versuchen wir es wenigstens.
Gesellschaftliche Probleme?
Nachbarn, die ...?
Ich glaube nicht.
Berufliche Probleme?

Heutzutage?

Wohl kaum!

Ich könnte hier weiterhin die tief verborgenen Gründe

dieser absurden Befürchtung analysieren

falls es sie überhaupt gab

aber ich bin es leid, nachzudenken, ohne das richtige

Wort, die Erklärung zu finden

ich, schäbige Solipsistin[19]

die ihre Söhne verdächtigt

ihre Söhne, die in den Krieg ziehen wollten

sich nicht getraut zu haben

mir

ihrer Schwester

ihren Frauen und ihren Töchtern zu sagen

was sie denken

und auch ich habe geschwiegen.

Ich hätte mich einschalten sollen.

Ich habe versagt, als Mutter, Feministin und Mensch.

Ich habe geschwiegen, wie meine Söhne, wie meine

Tochter, denn sie hätte schließlich auch ihren Senf dazu-

geben können.

Ich hätte die Dinge ansprechen sollen, über die wir nicht

sprechen wollten.

Wenn sie uns zum Abendessen einluden

mich und ihre Schwester –

warum habe ich dann nicht gesagt:

Und ihre Freundin

ihre Partnerin

die Frau, die sie liebt? Ist sie auch eingeladen?

---

19 Anspielung auf Becketts *Murphy*.

Es war leichter
nichts zu sagen
aus Angst, vielleicht das Falsche zu sagen
dem anderen wehzutun ...

VON MAUER ZU MAUER

Plötzlich spielt mir das Wort *Mauer* einen Streich:
Aus einer familiären Mauer wird eine politische.
Die Berliner Mauer wurde zertrümmert
warum nicht auch diese?
Wie?
Womit?
Tatsächlich bietet sich nichts anderes an
als Worte,
man muss weitermachen [...], man muss Worte sagen,
solange es welche gibt, man muss sie sagen.[20]

---

20 Samuel Beckett, *Der Namenlose,* übers. von Elmar Tophoven.
Frankfurt am Main, 1979 [A. d. Ü.]

DA SIND NOCH DIE ANDEREN GENERATIONEN

Ich habe sechs Enkelinnen und einen Enkel.
Außerdem habe ich drei Urenkelinnen und vier Urenkel.
Vorerst. Es können ja noch welche kommen.
Und dieses ganze Völkchen spricht, spricht ohne Unterlass,
spricht miteinander.
Die ganz Kleinen sprechen manchmal so schnell, dass
man ihnen gar nicht folgen kann.
Das entzückt mich.
Manche halten Vorträge, anderen lassen sich Geschichten
einfallen, manchmal sprechen sie alle gleichzeitig.
Ich hoffe, sie werden niemals verstummen.

ÜBER SICH SELBST SCHREIBEN

Was?
Was haben Sie eben gesagt?
Über sich selbst schreiben ...
Was heißt das?
Was ist das?
Hier, bitte:
Immerhin war ich Professorin
lehrte französischsprachige Literatur ...
mit *Staatsexamen* und Doktortitel
später kam noch ein Ehrendoktortitel dazu
erlauben Sie mir also die kurze Belehrung:
Dieses Über-sich-selbst-Schreiben
das mir das liebste ist
beginnt in der französischsprachigen Literaturwelt
mit Montaigne
Spuren davon finden sich bei Molière
Pascal bringt sich ein und erklärt das Ich für hassenswert
Rousseau prägt es ein für alle Mal
Stendhal führt es mit seinem *Leben des Henry Brulard* weiter
Baudelaire schreibt *Mein entblößtes Herz*
Gide, Proust, Colette, Sartre, Sarraute
auf die eine oder andere Weise
fügt jeder seins, jede ihres hinzu.
Kurzum, der autobiografische Text wird im 20. Jahrhundert
zur herrschenden Gattung.
Das setzt sich im 21. Jahrhundert fort
selbst in Quebec, wo Autoren nicht zu Vertraulichkeiten
neigen
bahnt sich das autobiografische Schreiben seinen Weg

mit Gabrielle Roy, *La détresse et l'enchantement* (1984)
und anderen
wie Madeleine Gagnon, die 2013 *Depuis toujours* veröffentlicht.
In Ontario
erscheint *Ma mère, ma fille, ma sœur* von Mila Younes
Hélène Koscielniak findet ihre Figuren anhand von
Begegnungen und Reisen
Pierre Léon vermengt sein Leben, seine Fantasie und sein
immenses Wissen.
Und es gibt noch andere ... Es wird sie immer geben.

EIN TÖRICHTES UNTERFANGEN?

Trotz alldem verharrt die Leserschaft in ihren Vorurteilen
gegen ein Schreiben, das oft als zu persönlich bewertet wird ...
Weil man sich
und das ist das eigentliche Problem
durch die Konfrontation mit diesem Schreiben
möglicherweise aufgerufen fühlt
seine eigene Kultur gegen die eines anderen zu verteidigen
sein Ich gegen den Bericht eines anderen Ichs
oje!
Hofft der Leser etwa, dass eine unpersönliche Literatur
ihn weniger betreffe?

GAR NICHT SO LEICHT,
DIESES SCHREIBEN ÜBER SICH SELBST

Ich, eine schlechte Mutter
setzt in Szene:
drei »Ich«
die Autorin
die Erzählerin
und die Protagonistin.
Manchmal verschmelzen sie miteinander
manchmal verbünden sie sich
manchmal ist fraglich, wer spricht.
Drei »Ich«, die in ein und demselben Buch zusammen
auftreten
in unterschiedlichen Zeiten
Vergangenheit
Gegenwart
Zukunft
oje!
schon in der Schule hatte ich Schwierigkeiten mit der
Zeitenfolge.

ABER WAS FÜR EIN VERGNÜGEN

schreibend der Erinnerung
gewahr zu werden
die ganz langsam
Schritt für Schritt
herannaht und anklopft
an die Tür des Herzens
des Hirns
der Leber
wie es beim Philosophen heißt
den beschrittenen Weg aufzuzeigen
das Selbst in all seinen Spielarten
das Ich
so eigentümlich
ob hassenswert oder nicht
immer neugierig bestrebt
zu verstehen
sich zu entblößen
klar zu sehen
Mehr Licht, verlangte der Dichter.

INHALTSVERZEICHNIS

secession